Wilma Pfeiffer, Walter Stelzle
Spazierenschwimmen zwischen Rax und Semmering

Impressum

Bibliografische Information der Deutschen Nationalbibliothek
Die Deutsche Nationalbibliothek verzeichnet diese Publikation in der Deutschen Nationalbibliografie; detaillierte bibliografische Daten sind im Internet über http://dnb.d-nb.de abrufbar.

Lektorat: Markus Weiglein
Covergestaltung, Grafik und Produktion: Nadine Kaschnig-Löbel
Coverfoto: m_adrian/shutterstock.com
Druck: Floriančič tisk d.o.o.
gedruckt in der EU

ISBN 978-3-7025-1081-7

auch als eBook erhältlich
eISBN 978-3-7025-8108-4

www.pustet.at

Bildnachweis: shutterstock.com: MaxVasylenko: S. 12–13; Balakate: S. 87; Anna Kompanieitseva: S. 185; Photofex-AUT: S. 187; alle weiteren Fotos: Wilma Pfeiffer, Walter Stelzle und Christa Senz

Wilma Pfeiffer
Walter Stelzle

Spazierenschwimmen

zwischen Rax und Semmering

Kultur • Geschichten • Ausflüge

VERLAG ANTON PUSTET

Inhalt

Vorwort

Der Schriftsteller Robert Musil – *Der Mann ohne Eigenschaften* heißt sein Jahrhundertroman – verlegte sich in seinen sommerlichen Ferientagen auf das „Spazierenschwimmen" im Wörthersee. Diese so prägnante Beschreibung haben wir für unseren Buchtitel übernommen. Denn Spazierenschwimmen bedeutete für Musil nicht nur gemächliche Schwimmzüge zu machen, sondern auch, sich der Muße hinzugeben, sich treiben zu lassen, dem Nichtstun, dem Kraftschöpfen und der Fantasie zu überlassen. Ein ideales Motto auch für dieses Buch. Denn die hier versammelten Ferieneindrücke und Urlaubstipps halten Vorschläge bereit für Spaziergänge und gemütliche Wanderungen – für ein Programm, das Zeit lässt für einen Kaffee mit Mehlspeise oder einen Kaiserspritzer, für ein gutes Buch, Ruhe und Beschaulichkeit: wichtige Voraussetzungen für die Erholung und den Kuss der Muse, der zu zart ist, um ihn in hektischer Betriebsamkeit zu spüren. Die Gegend zwischen Rax und Semmering bietet hierfür perfekte Voraussetzungen, denn sie ist ein bisschen aus der Zeit gefallen und deshalb bestens geeignet, für ein paar Tage die Hektik und den Stress des Alltags zu vergessen.

Um die Wende vom 19. zum 20. Jahrhundert war die Region zwischen Rax und Semmering die bedeutendste Sommerfrische der Habsburgermonarchie. Mit dem Bau der spektakulären Hochgebirgsbahn über den Semmering 1854 – heute UNESCO-Weltkulturerbe – kamen sie alle: zuerst Kaiser Franz Joseph zum

Jagen, dann die schöne Sisi zum Reiten und „Zwiebackessen", die kaiserlichen Kinder zum Erholen, der Hochadel gefolgt vom Geldadel zum Feiern und Antichambrieren – und nicht zuletzt die bekanntesten Wissenschaftler und Künstler des Vielvölkerstaates, weil die Landschaft die Kreativität und das Denken anregte: Sigmund Freud und Viktor Frankl, Arthur Schnitzler und Hugo von Hofmannsthal, Gustav Mahler mit seiner Frau Alma, die später Franz Werfel heiratete, obwohl Oskar Kokoschka unsterblich in sie verliebt war. Viele Sommerfrischler haben sich in Payerbach und Reichenau stattliche Villen gebaut, manche gar Schlösser. Und auf dem Semmering entstanden riesige, luxuriöse Hotels für die High Society. Die Mordmaschine des Nationalsozialismus beendete 1938 dieses kreative und lässige Sommerfrischedasein, das in weiten Bereichen von jüdischen Mitbürgern lebte, abrupt. Die Örtlichkeiten verfielen in einen Dornröschenschlaf, von dem sie sich zum Teil bis heute noch nicht erholt haben.

Wir, eine Kulturwissenschaftlerin und ein Historiker mit langjährigen Erfahrungen in den Bereichen Kultur und Tourismus sowie als Studienreiseleiter, als Autoren und Erzähler, haben dieses Gebiet zwischen Rax und Semmering bereist und erkundet. Im Rahmen der von uns selbst organisierten Gruppenreisen haben wir vor Ort mit vielen Menschen geredet, die seit Generationen hier leben, haben immer wieder gefragt und gesucht, viele Publikationen gewälzt – und uns in die Gegend verliebt. So ist unser Buch entstanden. Es soll den Leserinnen und Lesern helfen, sich in dieser schönen Kulturlandschaft zurechtzufinden, über Geschichten und Anekdoten tiefer in diese einzudringen und ganz grundsätzlich mehr zu erfahren – über die Region, ihre Menschen und über eine Zeit, die längst vergangen und doch so gegenwärtig ist.
Ausgehend vom grundlegenden Themenfeld rund um Sommerfrische und Urlaub erzählen wir von den Zentren Reichenau

und Payerbach, um dann Ausflüge in die Seitentäler und auf die Berge zu unternehmen – und entdecken, was sich heute mehr denn je zu entdecken lohnt. Dabei sind wir, soweit es geht, nachhaltig unterwegs. Denn zu Fuß, mit Bus oder Zug, in einem gemächlicheren Zeitverständnis also, kommen wir der alten Sommerfrische am besten nahe. Heute ist Payerbach mit Wien im Stundentakt verbunden – da werden sogar Ausflüge nach Wiener Neustadt, Baden oder in die Hauptstadt selbst möglich; natürlich auch die Fahrt auf den Semmering. Und bei entsprechender Auswahl halten die Regionalzüge bei allen kleinen Haltestellen wie Küb oder Breitenstein. Der für unsere Touren besonders wichtige Bahnhof Payerbach-Reichenau wird von allen wesentlichen Buslinien angefahren, welche die Region bedienen, alle natürlich mit weiteren Haltestellen dazwischen:

Bus Nr. 341
Payerbach-Reichenau Bahnhof → Reichenau → Rax-Seilbahn → Kaiserbrunn → Naßwald → Schwarzau im Gebirge

Bus Nr. 342
Payerbach-Reichenau Bahnhof → Reichenau → Edlach → Prein → Preiner Gscheid

Bus Nr. 1748
Payerbach-Reichenau Bahnhof → Reichenau → Rax-Seilbahn → Edlach → Prein → Preiner Gscheid

Das Looshaus und die Speckbacher Hütte, über die im Buch noch viel zu berichten sein wird, sind mit öffentlichen Verkehrsmitteln leider nicht zu erreichen. Es eröffnen sich aber trotzdem viele Wege, um dorthin zu kommen: zu Fuß im Rahmen einer schönen Wanderung, mit dem Auto, mit einem Shuttle-Taxi oder mit dem Rad. Wer es sich zutraut, die zuweilen deutlichen Steigungen mit dem Mountainbike zu bezwingen, der

kann ein solches (oder ganz normale Fahrräder bzw. E-Bikes) in den meisten Hotels oder in Fahrradgeschäften ausleihen.
Zum Schloss Mühlhof schließlich kommt man auch in einem gemütlichen Spaziergang von der Haltestelle „Payerbacherhof“ aus.

Seit dem Frühjahr 2023 bietet die Region zwischen Rax und Semmering einen individuell buchbaren Postbus-Shuttle-Service namens RUFbus an. Er fährt nach Bedarf, muss daher im Voraus, von 30 Minuten bis zu 30 Tagen, gebucht werden (www.semmering-rax.com/shuttle). Der Shuttle verkehrt zwischen Reichenau, Payerbach, Breitenstein und Semmering. Gloggnitz ist ebenso eingebunden, wodurch Gäste im Urlaub endgültig auf ihr Auto verzichten können. Bei der Buchung kann man die gewünschten Abfahrts- und Ankunftszeiten angeben und so etwa Kulturveranstaltungen besuchen, die außerhalb des regulären Busfahrplanes liegen.

Nun suchen wir sie aber wirklich auf, die stummen Zeugen einer längst vergangenen Zeit: die verträumten Villen, die damals supermodernen Badeanstalten, die mondänen Kurpavillons, die Hotels, die Wirtshäuser, die Cafés. Und träumen uns zurück in das Fin de Siécle, der hohen Zeit der Sommerfrische, die heute wieder an neuer Bedeutung zu gewinnen scheint.

Wilma Pfeiffer und Walter Stelzle,
im Frühjahr 2023

Eine Sommerfrische entsteht

„… näher, näher, immer näher, endlich Payerbach. Im Fiaker nach Reichenau, ‚Thalhof'. Immer dieselben Zimmer, die geliebte Waldaussicht, nichts hat sich verändert. Gott sei Dank."

Peter Altenberg in seiner *Vita Ipsa* (1918)

FAHR-TARIF

für das

Lohnfuhrwerk in der Ortsgemeinde Payerbach.

Vom Bahnhof od. jedem andern Punkte im Orte Payerbach nach	Einspännig		Zweispännig	
	tour	und retour	tour	und retour
	K	K	K	K
Reichenau	2.—	3.—	3.—	5.—
bei Nacht . .	4.—	.	6.—	
Thalhof od. außerh. des geschloss. Ortes Reichenau gelegenen Villen	3.—	4.—	4.—	5.—
bei Nacht . .	5.—	.	6.—	
Schneedörfel od. Küb	4.—	6.—	5.—	7.—
Schlöglmühl od. Werning	3.—	4.—	4.—	6.—
Mühlhof	2.—	3.—	3.—	4.—
Payerbachgraben (bis „Hellbronn") od. St. Christof od. Gloggnitz .	5.—	6.—	6.—	8.—
Edlach od. Hirschwang	4.—	5.—	6.—	7.—
Schottwien	6.—	8.—	8.—	10.—
Kaiserbrunn od. Prein	6.—	8.—	8.—	10.—
Höllenthal	7.—	8.—	10.—	12.—
Singerin od. Orthof	9.—	11.—	12.—	14.—
Reithof—Oberhof	11.—	12.—	14.—	18.—
Reisthal—Naßwald od. Schwarzau	14.—	16.—	20.—	22.—
Gutenstein	20.—	.	30.—	
Kranichberg	10.—	.	14.—	
Kirchberg	14.—	.	20.—	
Stixenstein	14.—	.	20.—	
Puchberg	16.—	.	24.—	
Adlitzgraben	11.—	.	15.—	
Maria-Schutz	12.—	.	16.—	
Semmering	14.—	.	20.—	

oder die Tour umgekehrt gemacht.

In Wien stinkt's

Die Sommer sind in Wien oft sehr heiß und drückend. Da riechen die Autoabgase noch einmal so stark. Früher, im heraufgezogenen 19. Jahrhundert, stank es in der Stadt – und zwar so richtig und beständig nach minderwertiger Kohle, denn es musste ja der Herd auch im Sommer befeuert werden, um Essen zu kochen. Dieser Kohlegeruch lag auf den Straßen, penetrant zwischen den Häusern, über der Stadt, man kam ihm nicht aus. Er war so selbstverständlich, dass man ihn fast nicht mehr wahrnahm, aber wenn die Sonne die Straßenschluchten der Großstadt aufheizte, intensivierte sich dieser Geruch über das Unvermeidliche, Gewohnte ins deutlich Wahrnehmbare, riechbar Unangenehme. Die zu dieser Zeit vielerorts noch offenen Abwasserkanäle faulten in der sommerlichen Hitze. Auf diesen Grundgestank trafen die speziellen Gerüche mancher Handwerksbetriebe, etwa der Gerber; auch die Fleischhauereien machten sich in der Hitze deutlich bemerkbar; aus den vielen Hufschmieden roch es nach angesengtem Horn; dazu kamen die Industriebetriebe der Vorstädte, die jeweils eigene, oft durchdringende Gerüche verbreiteten; die Dampfer, die an den Donaukais an- und ablegten, stießen dicke Rauchwolken aus, die sich mit dem Qualm der vielen anderen Schornsteine wie eine Glocke über die Stadt breiteten. Es war eine schwere Tuchent an Gerüchen, die von der Hitze verstärkt und intensiviert über der Stadt lag und die Bürger dieser Hauptstadt eines der größten Reiche des alten Europas plagte, zumal die Stadt um 1900 bereits etwa zwei Millionen Einwohner zählte, also ungefähr genauso viele wie heute.

Wahrscheinlich, dass sich hiervon der Begriff „Sommerfrische" ableitete: dem sommerlichen Wunsch nach frischer, sauberer, wenn möglich kühlerer Luft, die man schon in den Bahnhöfen mit ihren offenen Fronten zum Land hin zu spüren vermeinte.

Fotos:
Seite 11: Fahrtarife (in Kronen) für das Lohnfuhrwerk in Payerbach zur Zeit der Monarchie.
vorangehende Doppelseite: Der berühmte Aussichtspunkt „20-Schilling-Blick". Er ist über den Bahnwanderweg entlang der Semmeringbahn erreichbar.

Obwohl auch die Bahnhofshallen vom Rauch der Lokomotiven erfüllt waren. „Es riecht nach Rauch, doch außerhalb der langen düsteren Bahnhofshalle wird bereits lichte Bergluft wehen, so von sehr ferne!", notierte Peter Altenberg in seiner *Vita Ipsa* (1918) – mehr als Wunsch.

Aber wer konnte es sich in Wien schon leisten, in die Sommerfrische zu fahren, wo Urlaub doch erst Schritt für Schritt in den 1920er Jahren erkämpft und gewährt wurde? Was noch lange nicht hieß, dass man sich diesen Urlaub dann auch leisten konnte. Unter den aus allen Teilen des Reiches zuziehenden Industriearbeitern des 19. Jahrhunderts herrschte Armut und Not. Oft konnte sich eine Familie nicht einmal ein kleines Zimmer leisten, sondern musste einen sogenannten Nachschläfer aufnehmen. Der kam aus der Schicht, wenn der Familienvater zur Arbeit ging, und schlief in dessen eben frei gewordenen Bett. Die Bettmiete half, den Mietzins für das eine Zimmer der ganzen Familie zu finanzieren.
Wer genügend verdiente – und das waren meist höhere Regierungsbeamte, deren es viele gab in der Verwaltung solch eines Riesenreiches, aber auch Ärzte, Rechtsanwälte oder gut situierte Freiberufler –, mietete sich für ein paar sommerliche Wochen eine Wohnung in einem der stadtnahen Winzerdörfer, in Nussdorf etwa oder Grinzing, wo die Luft besser und frischer war. Das war gerade noch nahe genug, dass der Familienvater, der die

Woche über ja seinen Pflichten nachgehen musste, übers Wochenende, das erst am Samstag gegen Abend begann, mit dem Fiaker zu seinen Lieben stoßen konnte.

Im Jahr 1851 erreichte die Eisenbahn Payerbach. Mit ihr konnte sich die Sommerfrische in die nun nahegerückten Alpen verlagern. In Reichenau, Payerbach und den umliegenden Orten wurden Landhäuser und herrschaftliche Villen gebaut, bereit, die sommerlichen Gäste einschließlich Personal für lange Sommer- und Frühherbsttage aufzunehmen und alle notwendigen Bequemlichkeiten zu bieten. Der Kaiser kam zur Jagd und wohnte mit seiner Entourage und den Jagdgästen im Thalhof, um sich selbst später großzügige Wohnquartiere schaffen zu lassen. Das stadtnahe Schwarzatal wurde zur bevorzugten Sommerfrische der Wiener Gesellschaft. Für die nächsten 60 Jahre war man hier weitgehend unter sich, obwohl am nahen Gloggnitzer Bahnhof zu Pfingsten 1850 bereits mehr als 10 000 Tagesausflügler gezählt wurden.

Geld ist Zeit

Heute lautet das Sprichwort „Zeit ist Geld". Damals galt es andersherum. Denn nur wer Geld hatte, konnte Zeit erübrigen, um in die Sommerfrische zu fahren. Auch wer schon Urlaub in den 20er Jahren des 20. Jahrhunderts genoss, für den lag eine Urlaubsreise selbst noch lange jenseits der Möglichkeiten. Wenn schon eine Reise in den freien Tagen, dann vielleicht zu den Verwandten aufs Land, wo man Kost und Logis durch Mithilfe in Haus und Garten verdiente, und auch, um Obst und andere Lebensmittel heim in die Stadt mitzunehmen. Wenn's hoch kam eine Kurzreise, die einer der Vereine günstig organisierte, denen man angehörte. Oder man ersetzte den Urlaub ganz einfach durch einen Sonntagsausflug. Um die Jahrhundertwende wurden die gusseisernen Fahrräder ohne Freilauf so billig, dass sich auch Fabrikarbeiter eines leisten konnten, um damit am Sonntag ins Grüne und zum Heurigen zu radeln. Die Eisenbahn ermöglichte Tagesausflüge an die Donau oder bis in die Alpen.

Im Jahr 1926 nahm die Rax-Seilbahn als erste Seilschwebebahn Österreichs ihren Betrieb auf – eine Sensation. In den folgenden Jahren wurde dieser Gebirgsstock zum Ziel ungezählter Sonntagsausflüge, die Rax zum Hausberg der Wiener. Es wird von sagenhaften Schnitzelbergen berichtet, die Sonntag für Sonntag bei schönem Wetter an die Tagesausflügler verfüttert wurden. Dies alles aber tangierte die Sommerfrischler nicht oder war ihnen gar zuwider, wenn die Dorfstraßen, die Cafés, die Gastgärten und bald entstehenden Souvenierläden von Tagesausflüglern überschwemmt wurden, und unterschied sich damit nicht so sehr von heute. In der *Strudlhofstiege* (1951) erzählt Heimito von Doderer von einer Reise seines Leutnants Melzer nach dem Urlaub zurück in seine bosnische Kaserne: Nach dem Mittagessen geht er noch auf einen Schwarzen (Kaffee) in das gegenüberliegende Café: „Diese Lokalitäten waren zu jener Zeit sehr gepflegt, verhältnismäßig still und über das Bedürfnis des damaligen Verkehrs – wo noch nicht jede Mehlspeisenköchin unausgesetzt herumreiste – geräumig." Die Klage schwingt mit, dass in den Jahren vor dem Ersten Weltkrieg viele Menschen niederer Stände schon reisen konnten und dass dies zuweilen zulasten der „guten, alten Sitten" ging. Man begann, die Sonntagsausflügler, im Gegensatz zu den Sommerfrischlern, Touristen zu nennen.

Abgrenzung tat not, man wollte nicht verwechselt werden. Wenn sie wirklich ein paar wenige Tage zum Wandern in den Bergen bleiben wollten, mieteten sie sich in einfachen und kostengünstigen sogenannten Touristenhotels ein. Es müssen im Laufe der Jahre schon relativ viele Gäste geworden sein, denn auch die

Luxushotels am Semmering richteten Bürgerstuben ein, etwa das Südbahnhotel im altdeutsch-neogotischen Stil, um mit billigen Angeboten diese Laufkundschaft zum Einkehren zu bewegen.

In der Sommerfrische aber blieb die gute Wiener Gesellschaft unter sich. Und sie mietete sich bevorzugt da ein, wo auch der Kaiser oder die kaiserliche Familie freie Tage verlebten: Sonnen im Glanz der Krone. Die Sommerfrischen Reichenau und Payerbach lebten vom Mythos der Habsburger, der sich im Gefolge des Kaisers einstellte und viele Adelige, die dem Hof nahestanden, nach sich zog. Ihnen folgten Industrielle, Banker, Versicherungsdirektoren: Menschen also, die – oft frisch nobilitiert (der Ritter oder Baron im Namen weisen darauf hin) – sich im Schatten der kaiserlichen Familie Vorteile versprachen. Auch Großbürger fanden sich ein, hohe Beamte etwa, die dem Sog der Prominenz folgten. Zugleich aber kamen solche, die ihren Arbeitsplatz frei wählen konnten, Schriftsteller vor allem, die uns heute noch in ihren Werken die damalige Zeit und ihre Sommerfrischen nahebringen, aber auch Musiker, Maler und den darstellenden Künsten Nahestehende – wie der berühmte Burgtheater-Mime Josef Kainz. Bevorzugt natürlich all diejenigen, die mit ihren Künsten bereits gutes Geld verdient hatten oder aus begütertem Haus stammten und sich die Sommerfrische leisten konnten: Persönlichkeiten wie Arthur Schnitzler, Leo Perutz oder Hugo von Hofmannsthal. Die wohlhabenden Großbürger schmückten sich gern mit bekannten Namen. Und sie gaben oft großzügiger Geld aus als der alte Adel.

Es handelte sich also um eine illustre Gesellschaft, die entweder so reich war, dass sie nicht arbeiten musste, die ihr Geld mit Antichambrieren, also Lobbyarbeit, verdiente, oder aber die Sommerfrische auch zum Arbeiten nutzte, weil sie arbeiten konnte, wo sie wollte. Nicht von ungefähr haben Wolfgang Kos und Elke Krasny ihr Buch über die Sommerfrische österreichischer Schriftsteller *Schreibtisch mit Aussicht* (1995) genannt. Arthur Schnitzler etwa schrieb an seinen Freund Hugo von Hofmannsthal, dass er nicht wisse, was er in Reichenau ohne Arbeit anfangen solle. Und tatsächlich hat Schnitzler hier in nur sechs Tagen seine bekannte Novelle *Leutnant Gustl* geschrieben, deren Inhalt erstmalig in der Literaturgeschichte sich nur aus den Gedanken und Gefühlen, also dem Innenleben dieses Leutnants speist, der im Morgengrauen ein vielleicht tödliches Duell bestreiten muss.

Sommerfrische ist nicht Urlaub

Die Eisenbahn war Voraussetzung und Triebfeder der Sommerfrische zugleich, die sich deutlich vom heutigen Urlaub unterschied. Es war nicht der Drang in die Ferne, das Abenteuer fremder Länder und Kulturen, das man suchte, oder die freie Zeit, die man mit möglichst vielen sportlichen Aktivitäten füllen wollte. Ganz im Gegenteil, die Sommerfrischler beabsichtigten ihre Wiener Gepflogenheiten, ihr gewohntes, auch gesellschaftliches Leben, mit hinaus aufs Land zu nehmen in eine Gegend, die stadtnah lag, landschaftlich reizvoll war und sich vor allem durch gute, saubere Luft auszeichnete. Zumal die Sommerfrische ja im besten Falle den ganzen Sommer über dauern sollte.

„Der Schweizer, der Tiroler liebt seine Berge, aber meine Familie liebte Reichenau – Reichenau an der Schwarza, Südbahnstation Payerbach. Reichenau und wir gehörten zusammen. Niemandem war es so ans Herz gewachsen, außer noch dem Herrn Landesgerichtsrat Alfred P., dem Herrn Hofsekretär Karl Schrauf. Ohne Reichenau kein Sommer, kein Leben, kein Glück, kein Ausruhen von den übrigen Monaten! Die Hoffnung auf Reichenau bei Payerbach hielt uns alle aufrecht in den Widerwärtigkeiten,

Nutzlosigkeiten des Daseins. Den Koffer packen für Reichenau, das Billett nehmen, aus der düsteren, angenehm romantisch kohlenduftenden Halle hinaus fahren, Meidling, Liesing, Guntramsdorf, Mödling, Baden, näher, näher, immer näher, endlich Payerbach. Im Fiaker nach Reichenau, ‚Thalhof'. Immer dieselben Zimmer, die geliebte Waldaussicht, nichts hat sich verändert. Gott sei Dank. Ja, elektrische Beleuchtung, die Wannenbäder aus Porzellan und der älteste Kutscher ist gestorben!"

Der Schriftsteller und Bohemien Peter Altenberg erinnert sich in seiner *Vita Ipsa* (1918) an Ferienaufenthalte mit seinen Eltern

Auch das gehört zur Sommerfrische: das Erwartete, Ersehnte, Jahr für Jahr Wiederkehrende – keine Entdeckung des Fremden, Unbekannten. Die Psychologen sagen, dass dies eben zu einer möglichst effektiven Erholung gehört: sich auszukennen und zu wissen, was einen erwartet. Routine, auch in den Ferien.

Die Orte Payerbach und Reichenau an der Rax, die in den Jahren um die Wende zum 20. Jahrhundert zu den größten Sommerfrischen des Habsburgerreiches anwachsen sollten, richteten sich nach den Wünschen ihrer Gäste: Spazierwege wurden angelegt, Ruhebänke an Plätzen mit schöner Aussicht aufgestellt, Kurpavillons errichtet, in denen täglich gern besuchte Kurkonzerte stattfanden, Cafés nach Wiener Vorbild eröffnet, Kurbäder angeboten und modernste Badeanstalten gebaut. Abends konnte man sich festlich kleiden, zeigen, was man hatte und wer man war, und bei mehr oder weniger geistvollen Gesprächen und Kerzenlicht dinieren, später sogar tanzen. Man begegnete sich auf der Promenade, sah und wurde gesehen, begrüßte sich und blieb auf ein Schwätzchen stehen, vielleicht gar, um einen gemeinsamen Ausflug zu vereinbaren – oder den Besuch einer kulturellen Veranstaltung.
Um das gesellschaftliche Leben der Stadt, oft für mehrere Sommermonate, aufs Land zu transferieren, mussten zu Hause

in Wien erhebliche Vorbereitungen getroffen werden. Das traf alle, die eine Ferienwohnung bei einem Bauern oder Handwerker angemietet hatten oder gar ein Landhaus ihr Eigen nannten, das nur in den Sommermonaten bewohnt wurde. In den 1890er Jahren erst kamen Ferienwohnungen auf, ganze Etagen in komplett vermieteten Ferienhäusern mit Platz auch für die Dienstboten, die, wie heute, mit allem ausgestattet waren, was man brauchte. Nur die Koffer mit der persönlichen Habe musste man mitbringen. Aber bis dahin wurde fast der gesamte Hausstand aus Wien in die Sommerfrische transferiert – die Betten in großen Schließkörben verstaut, Bett- und Tischwäsche, Handtücher, Geschirrtücher und was man sonst noch in den langen Sommermonaten brauchte, eingepackt. Töpfe, Pfannen, Schüsseln, Vorlegeplatten, Saucieren mussten mitgenommen werden, um den gewohnten Luxus nicht zu entbehren.
Auch Lebens- und Genussmittel, die es auf dem Lande nicht zu kaufen gab, waren vorsorglich haltbar zu verstauen. Das gute Geschirr wurde in Papier gehüllt, um es vor dem Zerschlagen beim Transport zu schützen; das Besteck einschließlich Kochlöffel, Bratenmesser, Schöpflöffel und so weiter durfte nicht zurückgelassen werden. Mit Sorgfalt wurden die Kleider im Koffer verstaut. Kinderspielzeug für die Kleinen, Lektüre, Spielkarten und das Domino, Schuhe, Schmuck. An alles und noch viel mehr war zu denken. Es war eine ganze Karawane, die da Tage vor Abreise mit den Dienstmädchen und dem Hausdiener losgeschickt wurde. Als 1862 die Kinder des Kaisers, Rudolf und Gisela, im Sommer nach Reichenau geschickt wurden, benötigte man sieben Personen-Pferdewagen und zwei große Leiterwagen, um den Umzug zu bewältigen. Die spätere Kaiserin Zita, die mit ihren Eltern die Monate von Juli bis Dezember immer in Niederösterreich verbracht hatte, erzählte, wie bei Christoph Rella zu lesen ist: „Und was das für Übersiedlungen waren! Jedes Jahr und für jede Hin- und Rückfahrt hatten wir einen Sonderzug. Wenn er für die Reise zusammengestellt war, muss er

15 oder 16 Waggons lang gewesen sein. Zwei Lokomotiven waren erforderlich, um ihn über den Semmeringpass … zu befördern."

Während der vorangeschickte Tross die Sommerfrische bezugsfähig machte, unterzog die Hausfrau mit anderen Helfern die nun weitgehend ausgeräumte Wohnung in Wien einer Generalreinigung und machte sie für den Sommerschlaf fertig. Die Polstermöbel wurden mit Leintüchern abgedeckt, um die Bezüge vor der Sonne zu schützen, manche Möbel auch in der Raummitte zusammengerückt, die Teppiche zusammengerollt, die verwaisten Schränke gesäubert, die zurückbleibende Herbst- und Wintergarderobe eingemottet. Es sah nicht nur so aus wie geradewegs vor einem Umzug, es war eine – wenn auch nur temporäre – Übersiedlung. Dann ging's mit den Kindern, der Bonne und dem Hofmeister (so wurde der Privatlehrer genannt, der die größeren Kinder für das nächste Schuljahr fit machen musste und für die allgemeine Bildung zu sorgen hatte) zum Bahnhof und auf den Zug nach Payerbach-Reichenau.

Dort angekommen, musste als Erstes das zurückgebliebene Familienoberhaupt von der glücklichen Ankunft in der Sommerfrische unterrichtet werden. Das geschah in der Regel mit der modernsten der damaligen technischen Möglichkeiten, dem Telegramm. Die späteren Luxushotels stellten wohl eigene Post- und Telegraphenstationen bereit. Alle anderen, durchschnittlichen Sommerfrischler mussten zentrale Anlaufstellen aufsuchen. Eines von diesen Post- und Telegraphenämtern lag in Küb, nahe Payerbach, an der Semmeringbahn. Es wurde 1905 gegründet und ist heute ein Museum. Ein Besuch dort lohnt sich auf jeden Fall, kann man hier doch mit eigenen Augen sehen, wie sich die Kommunikation bis heute geändert, ja revolutioniert, hat: das Briefeschreiben, der Telegraph, dessen Botschaft gemorst wurde, der Klappenschrank für die telefonische Verbindung. Bei einem Telegramm kostete jeder Buchstabe, deshalb achtete man auf äußerste Kürze und stellte, wenn's denn erforderlich war, einen Brief in Aussicht. Ein berühmt gewordenes Beispiel einer solch überaus verknappten Botschaft hat Friedrich Torberg in seiner *Tante Jolesch* (1975) geschildert: „Seid besorgt. Brief folgt."

Die in Wien unterdessen ihrer Arbeit nachgehenden Männer lebten, mit Ausnahme der kurzen Wochenenden, im Ungemach: Essen in der Küche aus dem übrig gebliebenen Geschirr, Nachtruhe in den Resten des Schlafzimmermobiliars, in der ganzen Wohnung der Geruch nach Naphthalin, das Polster und Vorhänge vor Mottenbefall schützen sollte. Gemütlichkeit ade! Im besten Falle war eines der Dienstmädchen zur Versorgung des Gatten zurückgeblieben. In der *Strudlhofstiege* problematisiert Heimito von Doderer dieses Thema mehr als einmal: „… an diesem Samstag-Vormittage war Grete Siebenschein damit beschäftigt, die Wohnung im nötigsten für den Empfang der Eltern bereit zu machen, das Schlafzimmer durchzulüften … die Betten zu überziehen, den feinen, kühlen Staub zu stören, der sich da und dort niedergelassen hatte, den Sauger … über den entrollten Teppich zu führen." Bei solch häuslichen Lebensverhältnissen gingen viele Männer zum Abendessen in ein Beisl, um anschließend – zu Hause wartete ja niemand – noch auf ein Glas Wein Geselligkeit zu suchen. Da konnten sich leicht Sommerliebschaften anbahnen. Anton Kuh, der große Spötter unter den Journalisten, schrieb 1913 im *Prager Tagblatt*: „Ohne Zweifel, es gibt wirklich streng gezügelte Ehemänner, die ihre jahrüber verhaltene Abenteuerlust in diesen zwei Monaten froher Ungebundenheit austollen lassen; und so wird aus dem Winter-Ehemann ein Sommer-Lebemann." Was natürlich auch für die Ehegattinnen in der Sommerfrische galt, allerdings ungleich schwerer zu bewerkstelligen war, da Kinder und Dienstboten die Bewegungsfreiheit hemmten. Um die Jahrhundertwende, als am Semmering Luxushotels ihre Gäste verwöhnten und Frauen von Stand dort zuweilen ohne Gatten einen Kurzurlaub verbrachten, war eine flüchtige Liaison eher möglich, wie etwa auch Stefan Zweig in seiner Novelle *Brennendes Geheimnis* (1911) schildert.

Die Eisenbahn – das „Dampfross"

Man kann sich heute kaum vorstellen, wie Erfindung und Einführung der Eisenbahn auf die Menschen der damaligen Zeit gewirkt haben müssen. Es gab Ärzte, die solch schnelle Fahrten mit dem eisernen Wagen – in einer Geschwindigkeit, die kaum einmal 20 Stundenkilometer betrug – für gesundheitsschädlich hielten. Andere verglichen Menschen, die eine Bahnfahrt unternahmen, mit Paketen, die von einem Ort zum anderen expediert wurden. Die Landbevölkerung machte sich wohl keine solch tiefgründigen Gedanken. Man sah die Geschwindigkeit, mit der der Zug die Landschaft durcheilte, und verglich sie mit dem schnellsten, was man zur damaligen Zeit kannte, dem Pferd – Dampfross nannte man ihn deswegen und eine Fahrt mit ihm war für viele ein Wunschtraum. Man sah in der Eisenbahn schnell das Transportmittel, das vieles im Leben einfacher machen konnte.

„Da tat es schon ein kläglich Stöhnen. Auf der eisernen Straße heran kam ein kohlschwarzes Wesen. Es schien anfangs stillzustehen, wurde aber immer größer und nahte mit mächtigem Schnauben und Pfustern und stieß aus dem Rachen gewaltigen Dampf aus. … ‚Kreuz Gottes!', rief mein Pate, da hängen ja ganze Häuser dran!' Und wahrhaftig, wenn wir sonst gedacht hatten, an das Lokomotiv wären ein paar Steirerwäglein gespannt, auf denen die Reisenden sitzen konnten, so sahen wir nun einen ganzen Marktflecken mit vielen Fenstern heranrollen, und zu den Fenstern schauten lebendige Menschenköpfe heraus, und schrecklich schnell ging's, und ein solches Brausen war, dass einem der Verstand still stand. Das bringt kein Herrgott mehr zum Stehen!, fiel's mir noch ein. Da hub der Pate die beiden Hände empor und rief mit verzweifelter Stimme: ‚Jessas, jessas, jetzt fahren sie richtig ins Loch'. Und schon war das Ungeheuer mit seinen hundert Rädern in der Tiefe."

Der in Krieglach auf der steirischen Seite der Rax lebende Peter Rosegger über seine erste Begegnung als „Büberl" mit einem „Dampfwagen" in seinem Buch *Als ich noch Bergbauernbub war* (1902)

Die Menschen gewöhnten sich letztendlich sehr schnell an das neue Fortbewegungsmittel und nützten es bald für ihre eigenen Bedürfnisse. Sogar Kaiser Franz Joseph fuhr oft und regelmäßig mit der Eisenbahn, obwohl er sich in die andere Erfindung der Zeit, das Automobil, nur ein einziges Mal setzte und fortan bis zu seinem Lebensende weiter der Kutsche den Vorzug gab. Die Eisenbahn rückte weiter entfernte Ziele näher und machte sie schneller, leichter erreichbar. Sie brachte die Großstädter in knapp zwei Stunden hinaus aufs Land, nach Gloggnitz und damit in die Alpen – eine Entfernung, für die eine Kutsche einen ganzen Tag benötigt hatte. Es funktionierte aber auch umgekehrt: Die Landbewohner kamen ebenso schnell in die Stadt, um ihre Produkte zu verkaufen, Geschäfte zu tätigen, Besorgungen zu machen und Luxusartikel, die man bisher auf dem Lande nicht gebraucht hatte, aber von den Sommerfrischlern nachgefragt wurden, zu importieren. Auch die Post reiste nun schneller mit dem Zug. Doderer erzählt etwa, wie das Postamt in der Prein zum Treffpunkt für Einheimische und Sommergäste wurde. Denn nicht nur Briefe expedierte man schneller, die Tageszeitungen bekamen gleichsam die Chance, am selben Tag noch mit dem Nachmittagszug einzutreffen und wurden schon sehnlichst erwartet.

In dieser verdichteten, schrumpfenden Entfernung verwischten sich manche Gegensätze, die ehedem Stadt und Land trennten. Edle Stoffe und städtische Kleidung hielten langsam auch Einzug auf dem Land, städtische Umgangsformen wurden adaptiert; die großbürgerlichen Städter orientierten sich an den Gepflogenheiten des Hofes: Kaiser Franz Joseph war, wie die meisten Habsburger, ein leidenschaftlicher Jäger und trug hier in seinem Jagdrevier die entsprechend praktische Kleidung: eine eng anliegende Lederhose, die auch in Gebüsch und Unterholz nicht zerriss, und einen Rock aus schwerem Loden. Die Herren der Gesellschaft machten es nach. Damit gewann der „Rock des Kaisers", wie man damals die Uniform nannte, eine völlig andere, neue Bedeutung. Die Damen ließen sich von ihren Modeschneiderinnen in Wien die Arbeitskleidung der Mägde adaptieren. Das Dirndl verbreitete sich in Windeseile in der guten Gesellschaft und wurde bevorzugt in der Sommerfrische getragen. Die Bauern ahmten diese nunmehr großstädtische und höfische Kleidermode bei ihren Festlichkeiten nach. Als Folge davon wurde die Tracht erfunden, ein Kind dieses 19. Jahrhunderts.

Die Natur – Verfügungsmasse der Menschen

Man saß im Wagon und sah im Bilderrahmen des Abteilfensters die Landschaft gemächlich vorbeiziehen, das Gebirge als Synonym für die Sommerfrische oder den sonntäglichen Ausflug allmählich näher rücken. Die Alpen in all ihrer Wildheit waren in Ausflugsnähe an Wien herangerückt. So ließ sich die wilde Natur für die Großstädter gefallen: Durch das Abteilfenster wirkte sie wie auf einem der Genrebilder, die man in der ersten Hälfte des 19. Jahrhunderts so entzückend fand. Man liebte den romantischen Blick auf die ungezähmte Natur, auf die „spinatgrüne Erhabenheit", wie sie Doderer süffisant nannte, solange man selbst auf dem gepflegten Spazierweg wandelte oder eben durch das Fenster oder von einem bequemen Aussichtspunkt auf sie blickte. Das aber war nur die eine, für uns Heutige leicht einsehbare Seite der Medaille. Es bedurfte eines ganz neuen Wahrnehmungsverhaltens, um den Blick aus dem Fenster so zu richten. Durch die Geschwindigkeit der Zugfahrt wechselten die Natur- bzw. Landschaftseindrücke schnell, jedenfalls viel rasanter als bei einem Fußmarsch oder einer Kutschfahrt, mit heute allerdings nicht zu vergleichen. Die Bilder veränderten sich laufend und damit das, was man schnell zu verarbeiten hatte. Die Erlebnisse einer stunden- oder tagelangen Reise verdichteten sich bei der Fahrt mit dem „Dampfross" wie später im Kino und damit auch die Gefühle, die man auf dieser schnellen Reise zu verarbeiten hatte. Es ging viel Romantik verloren.

„So war es einmal bei einer Ausfahrt über Land vorgekommen, dass der Wagen an entzückenden Tälern vorbeirollte, zwischen denen von dunklen Fichtenwäldern bedeckte Berghänge nahe an die Straße herantraten, und Diotima mit den Versen ‚Wer hat dich, du schöner Wald aufgebaut, so hoch da droben …?' darauf hindeutete … Aber Ulrich erwiderte: ‚Die Niederösterreichische Bodenbank. Das wissen sie nicht, Kusine, dass alle Wälder hier der Bodenbank gehören? Und der Meister, den sie loben wollen, ist ein bei ihr angestellter Forstmeister. Die Natur hier ist ein planmäßiges Produkt der Forstindustrie …'"

Robert Musil, der naturwissenschaftlich gebildete Ingenieur
und Schriftsteller, mit einer etwas anderen Sichtweise
auf die Natur in seinem *Mann ohne Eigenschaften*

Alfred Polgar, einer der bekanntesten Autoren der Wiener Moderne, fügte noch eine eigene Note der Betrachtung hinzu: Natur, meinte er einmal, sei immer da, wo die Menschen sich in der Minderheit fühlten. Die sogenannten Sommerfrischen seien deshalb nur im Winter „richtige Natur".

Allerdings – und das sollte man nicht außer Acht lassen – gab es auch viele Menschen, die der natürlichen, ungezähmten

Natur das Wort redeten, sie erleben und entdecken wollten. Anfang des 19. Jahrhunderts mieteten sich Naturwissenschaftler im Thalhof ein und schwärmten aus, um den Geheimnissen der Natur auf die Spur zu kommen. Bereits 1862 wurde der Österreichische Alpenverein gegründet, ein paar Jahre später der Österreichische Touristenclub. Gegen Ende des Jahrhunderts taten sich die Naturfreunde mit dem bis heute modernen Begriff des „sanften Tourismus" hervor. Die Berge als Wander- und Klettergebiet wurden entdeckt. Sport und sportliche Bewegung begannen ihren Siegeszug, deren Anhänger sich vorwiegend in den Großstädten fanden. In den Anfängen tangierten diese Freunde der ursprünglichen Natur die Sommerfrischen und die Sommerfrischler nicht, wenngleich im Laufe der Zeit sogar Sommerfrischler sportlichen Zielen frönten. Die Luxushotels auf dem Semmering boten nicht nur beheizte Hallenbäder, sondern sommers Tennis, Golf, Bergtouren mit und ohne Führer und im Winter Skifahren und Rodeln. Die großstädtischen Sportfreunde wussten die Vorzüge der Sommerfrische, die nun langsam auch zur Winterfrische wurde, durchaus zu schätzen. Hier heroben gab es die ersten sportbegeisterten Damen, die, der besseren Beweglichkeit und wohl Bequemlichkeit willens, ihre Röcke mit Hosen vertauschten. „Hoserldamen" wurden sie deshalb ironisch und respektvoll genannt.

Ein Mythos zieht Gäste an

Im Jahr 1851 erreichte die Südbahn den Ort Payerbach. Anlass genug für Kaiser Franz Joseph, nun oft und regelmäßig in seinen Kreuzberger Revieren auf die Jagd zu gehen. Obwohl er tagsüber mit äußerster Regelmäßigkeit seinen Regierungsgeschäften nachging, konnte er sich diese Kurzausflüge leisten. Oft ließ er seinen Salonwagen an den regulären Spätzug anhängen, schlief im Thalhof und ging im Morgengrauen auf die Jagd, um rechtzeitig am Vormittag wieder an seinem Schreibtisch in Schönbrunn zu sitzen. Auch mehrtägige Jagdausflüge standen auf seinem Programm. Der Kreuzberg zwischen Payerbach und Semmering war sein bevorzugtes Revier für die Auerhahnjagd. Da dieser große Vogel ein sehr scheues und misstrauisches Tier ist, kann man sich ihm nur während der Balz bis auf Schussweite nähern. Denn wenn er seinen Balzgesang anstimmt, ist er für ein paar Sekunden blind und taub. Dann kann der Jäger ein paar Schritte auf ihn zugehen, ihn anspringen, um anschließend absolut regungslos zu verharren, bis der Hahn seinen Gesang wieder aufnimmt.

„Ich habe selbst in Reichenau, Schneeberg-Wäldern, Auerhahn- und Birkhahn-Balzung oft und oft belauscht, bewundert. Ich war zwar erstaunt, dass man um Frauen, pardon, Hennen, gar so leidenschaftlich ‚balzen' könne, aber der Gedanke, den wahrscheinlich irrsinnig gewordenen Hahn gerade jetzt, bevor er sein Ziel … erreicht habe, niederzuknallen, lag mir stets ferne. Wie kann man jemanden mitten in seiner Lieblingsbeschäftigung aus der Welt schaffen?! Man warte doch wenigstens, bis er ‚fertig' ist."

Peter Altenberg, einen während der Balz zu Tode kommenden Auerhahn bedauernd (1918)

Nicht nur, dass seine Majestät neben der engsten Entourage oft Jagdgäste mitbrachte – auch Mitglieder seiner weitverzweigten Familie kamen in seinem Gefolge nach Reichenau. Sogar den dritten Geburtstag seines Sohnes Rudolf feierte man hier und natürlich waren alle wittelsbachischen und habsburgischen Verwandten mit dabei – darunter die Brüder des Kaisers, an ihrer Spitze der leutselige Erzherzog Carl Ludwig, der sich hier eine Sommerresidenz hatte errichten lassen und meist von Anfang Juli bis Weihnachten mit Familie hier wohnte. Das kaiserliche

Haus und der Mythos Habsburg sorgten wesentlich dafür, dass die Gegend zwischen Semmering und Rax um die Jahrhundertwende zu einem Treffpunkt der noblen Gesellschaft des gesamten Reiches wurde, der sich auch mit Abazia (Opatija) im habsburgischen Kroatien, dem mondänen Badeort und Winterkurort des Vielvölkerstaates, messen konnte: 1854 wurde die Semmering-Bahn eröffnet, 1880 wurde der Thalhof in Reichenau zu einem Treffpunkt der Nobility ausgebaut, 1882 entstand das Südbahnhotel auf dem Semmering, gefolgt vom Panhans, dem 1888 eröffneten zweiten Grandhotel. Hier war die große Welt zu Gast, hier feierten auch die Gewinnler des Ersten Weltkrieges, wie Karl Kraus notierte, hier „champagnisierte" (Peter Altenberg) man abends bei Foxtrott und Charleston und blickte durch die großen Panoramafenster hinunter auf das kleinliche Weltgetriebe.

Von Wien nach Payerbach eine Stunde, zum Semmering eine weitere. Das schien akzeptabel für ein Wochenende in den Alpen, vor allem, wenn man es mit früher verglich. Aber für viele der hohen Beamten, die jedes Wochenende zu ihren Familien in die Sommerfrische fuhren, immer noch ziemlich lang, zumal die Wochenenden nicht, wie heutzutage, von Freitagabend bis Sonntagabend dauerten: Der Samstag war noch gewöhnlicher Arbeitstag, man konnte höchstens eine Stunde früher Schluss machen. Aber Hofräte hatten Einfluss – deshalb erreichte man bei der Südbahngesellschaft, dass an den Zug, der nach Ende der Dienstzeit Wien verließ, ein zum Spielsalon umgebauter Wagon angehängt wurde, in dem die Hofräte ihrer Leidenschaft des Tarockierens, eines in der Habsburgermonarchie weit verbreiteten Kartenspiels, nachgehen konnten. „Tarockzug" wurde er deshalb genannt. Am Montagmorgen, sehr früh, fuhr der mittlerweile sogenannte Hofratszug zurück nach Wien, nur um dort so zeitig anzukommen, dass die Herren Hofräte im Café noch Zeit zum Frühstücken und Durchblättern der Zeitungen fanden. Im Unterschied zu diesem „Hofratszug“ wurde der Zug, der am Montag in der Früh von der kleineren Sommerfrische Gars am Kamp nach Wien fuhr, „Busserlzug“ genannt: wegen der vielen Busserl, die die in der Sommerfrische verbleibenden Gattinnen ihren Männern zum Abschied gaben. Es scheint so, als sei das Küssen zum Abschied bei den höheren Chargen nicht en vogue gewesen.

Die Familie Waissnix

Manchmal entwickeln sich die Zeitläufe in eine ganz bestimmte zukunftsweisende Richtung. Um sie aber nützen zu können, bedarf es eines Menschen, der die Zeichen der Zeit erkennt, die Konsequenzen daraus zieht und die Zukunft für sich und andere in die Hand nimmt. Ohne den Müller, umtriebigen Unternehmer und Fremdenverkehrspionier Ignaz Waissnix und seine Nachkommen ist der Aufstieg von Payerbach-Reichenau zu einer der führenden Sommerfrischen der Habsburgermonarchie nicht zu denken. Die Familie Waissnix betrieb eine Mahl- und Sägemühle, die als eine der ersten der Monarchie auf Turbinenbetrieb umgestellt worden war. Ignaz Waissnix hielt ein Patent zur Rollgerstenerzeugung, heute würde man Graupen dazu sagen, das in der gesamten Monarchie staatlich privilegiert war. In den 1880er Jahren waren bereits mehr als 100 Mitarbeiter beschäftigt. Später betätigte sich die Familie auch in der Holzindustrie. Außerdem war Ignaz Waissnix ein Unternehmer, der weit herumkam, deshalb über einen weiten Horizont und viele Verbindungen verfügte, einen regelmäßigen Fuhrwerksdienst nach Wien unterhielt und auch die Geschäfte seiner Nachbarn in Wien besorgte. Über seine Frau erbte er das bäuerliche Anwesen Thalhof und baute es zu einem Gasthof mit Fremdenzimmern um.

Schon in der ersten, noch biedermeierlichen Hälfte des 19. Jahrhunderts waren Franz Grillparzer, Nikolaus Lenau oder der damals als Verfasser von Reiseführern weitbekannte Franz Carl Weidmann im Thalhof zu Gast. Ab 1851 nahm Kaiser Franz Joseph auf seinen Jagdausflügen hier öfters Logis. Sein „Kaiserzimmer" war für einen Monarchen ziemlich karg bestückt: Neben dem Schreibtisch standen hier Sessel, zwei Fauteuils sowie ein Waschtisch mit Lavoir, also einem kleinen Wasserbecken. Der Raum wurde von einem Kachelofen beheizt und mit Ölgemälden, Vorhängen und Teppichen geschmückt, wie Norbert Toplitsch in seinem Buch *Habsburger in Reichenau* (2003) berichtete. Es war wohl noch nicht so recht einer Majestät angepasst, dafür gab es ein für die damalige Zeit opulentes Frühstück mit Kaffee und Sterz bis hin zu Gugelhupf, Mohnkipferl und Hausbrot.
Um dem oft zukehrenden Kaiser ein auf Dauer angemessenes Quartier bieten zu können und auch weil er wusste, was der Kaiser für ihn und die Sommerfrische Reichenau bedeutete, ließ Ignaz Waissnix 1856 eine herrschaftliche Villa, Rudolfsvilla genannt, erbauen. Zehn Jahre später errichtete die Familie das benachbarte Rudolfsbad und damit die erste Kaltwasser- und Molken-Kuranstalt des Reiches mit mehr als 130 Zimmern. Es soll so vornehm gewesen sein, dass die Gäste ihre Badelaken, in die sie nach dem Guss gehüllt wurden, beim Hofschneider in Wien mit Monogramm versehen ließen. 1870 kauften die Waissnix das Schloss Reichenau und gründeten kurz darauf die Sparkasse Reichenau.

In den Jahren um 1880 baute der Enkel Karl, genannt Charles, den Thalhof zu einem Treffpunkt der mondänen Wiener Welt aus, in der neben vielen bekannten Schriftstellern auch Bertha Freifrau von Suttner, Familienmitglieder der Rothschilds oder Theodor Herzl zu Gast waren. Der Thalhof war und blieb das Herzstück der weit ausgreifenden Waissnix'schen Unternehmungen, die bald das gesamte linke Schwarza-Ufer beherrschten.

Im Jahr 1992 vermachte die letzte Besitzerin, Margarethe Bader-Waissnix, das Reichenauer Schloss als Stiftung der Gemeinde Reichenau, mit der Maßgabe, daraus ein Kulturzentrum zu machen. Hier fanden seitdem eine niederösterreichische Landesausstellung, eine große Ausstellung über die Semmering-Bahn und regelmäßige lokale Veranstaltungen statt.

Der kalte Guss

Etwa um die Mitte des 19. Jahrhunderts wurde die Kur zu einem wesentlichen Bestandteil der Sommerfrische. Kein Wunder, denn beide verfolgten ja im Wesentlichen die gleichen Ziele: den Alltag vergessen zu machen, neue Impulse für das Leben zu geben, Körper und Geist mit natürlichen Mitteln anzuregen und damit die Selbstheilung zu befördern. Dazu gehörten nicht nur anzuwendende Kurmittel, sondern auch gesellschaftliche Anregungen, Musik, Theater, Unterhaltung. Sommerfrische und Kur ergänzten sich kongenial.

Früher beschränkte sich die Kur als ärztlich verordnetes Heilmittel vor allem auf Bäder in heißem Thermalwasser, wie sie etwa in Baden bei Wien schon seit der Römerzeit üblich waren. Aber über Thermalwasser verfügte man nicht im Tal von Reichenau und noch viel weniger auf der Passhöhe des Semmering. Zum Glück setzte sich um die Mitte des 19. Jahrhunderts die Kaltwasserkur durch, die von dem autodidaktischen, analphabetischen Naturheiler Vincenz Prießnitz aus Österreichisch-Schlesien bekannt gemacht worden war und der später auch der Pfarrer Sebastian Kneipp im bayerischen Bad Wörishofen folgte. Auf diesen Zug sprang als erste die Familie Waissnix auf: Hatte man denn nicht dieses hervorragende Wasser, das die Kaiser schon seit mehr als 150 Jahren aus dem Höllental nach Wien transportieren ließen? Kamen nicht die noblen Sommergäste aus der von üblen Gerüchen verpesteten Stadt Wien hierher aufs Land? Half nicht diese Wasserkur vor allem gegen Atemwegserkrankungen und Tuberkulose? Na also!

Auf Anraten des berühmten Dermatologen Ferdinand von Hebra ließen die Brüder Waissnix das feudale Kurhaus Rudolfsbad am Weg vom Schlossplatz zum Thalhof, mitten in Reichenau, errichten. Es gelang, den Sohn des Vincenz Prießnitz als Berater zu engagieren, der später sogar eine Waissnix-Tochter, Wilhelmina, ehelichte. Auf die tatsächlich Kranken legte man in Reichenau wohl weniger Wert, man empfing lieber diejenigen, die zur Vorbeugung oder auch nur zum Zeitvertreib eine Kur machten.

„Die Kur ist der melancholische und mühselige Versuch, eine gebrochene Maschinerie zu reparieren. Höchstens bringt man sie da mit Müh' und Not wieder auf gleich, kleistert sie zusammen. Aber die Nachkur ist bereits eine freudige künstlerische Angelegenheit: man ist daran, einer wiederhergerichteten Maschine höchste Energien, Spannkraft, Bewegung, Elastizität, Lebendigkeit zu verleihen! Aus einem Invaliden einen neuen feurigen Kämpfer zu machen! … Die Kur ist eine ernste Notwendigkeit, die Nachkur ist ein heiteres Fest! Gerade der erst kürzlich gesundete Körper bedarf bei seinen zarten Vernarbungen allerzärtlichste Rücksicht. Geld und Zeit für die Nachkur sind wichtiger als für die Kur … Die Nachkur ist erst die Kur!"

Peter Altenberg über den Wert der Kur
in seinem Buch *Semmering 1912*

Neben dem Rudolfsbad boten um die Jahrhundertwende die Kuranstalt Edlach und das Kurhaus auf dem Semmering Wasserheilverfahren an. Natürlich verfügten auch die beiden großen Luxushotels auf dem Semmering, das Südbahnhotel und das

Panhans, neben dem Semmeringer Kurhaus über eigene Kurabteilungen. Zudem konnte man hier heroben in fast 1 000 Meter Höhe auch als Höhenluftkurort und mit Terrainkuren glänzen, was das Gebiet noch attraktiver machte. Das waren natürliche Heilmethoden, die dazumal erste Siegeszüge feierten.

Das Angebot des Rudolfbads wurde bald um die ebenfalls supermoderne Molkekur bereichert – eine Milchtrinkkur, wozu man abseits und höher auf dem Berg einen eigenen Ziegenhof unterhielt. Denn Ziegenmilch wurde als besonders heilkräftig erachtet, vor allem bei der Behandlung von Lungen- und Atemwegserkrankungen.

„Ich versuche hier mit Kuhmilch und Almspaziergängen der Seele eine gewisse Kindlichkeit wiederzugewinnen und habe bereits einen geradezu dichterischen Grad von Imbezillität erreicht, der mir das kritische Verständnis meiner Zeitgenossen sehr erleichtern wird. Es grüßt herzlich Ihr Muh-Muhsil."

Robert Musil, den ein Herzleiden plagte, in einem
Brief vom 17. Juli 1921 über seine Milchkur

Das erste Warmbad der Monarchie

Schon vor der Jahrhundertwende wurde es in Wien üblich, den sommerlichen Sonntagsausflug zum Besuch eines Donaubades zu nutzen. Greifenstein, Kritzendorf – die Strombäder hatten bald großen Zulauf. Das berühmte Gänsehäufel öffnete 1907 seine Pforten und erfreut sich bis heute ungebrochener Beliebtheit. Da wollte man in der Sommerfrische Reichenau nicht nachstehen. Denn Badeanstalten erfüllten, neben der gesuchten Abkühlung vor der sommerlichen Hitze, gleich mehrere höchst moderne Erwartungen an das Lebensgefühl:

die sportliche Ertüchtigung – auch das Schwimmen – erfreute sich zunehmendem Ansehens; dazu gab es in diesen Bädern vielfache Gelegenheiten zur Unterhaltung. Gleichzeitig kam die aus dem prüden, kaiserlich Verborgenen ins Licht der Öffentlichkeit tretende Erotik nicht zu kurz. Heimito von Doderer erzählt von einem Badeausflug in die Donau-Auen in seiner *Strudlhofstiege*: „Er fühlte sich ihrer Leiblichkeit näher als sonst. Und ihr bei solcherlei Badeausflügen von ihm jedesmal nahezu gefürchteter fast hüllenloser Auftritt berührte ihn diesmal nicht eigentlich unheimlich, was sonst schon der Fall gewesen war … Sie sah ihn an, ganz geöffneten Blickes, der sich mehr und mehr mit dem Ungesagten füllte, das zugleich ins Schweigen strömte …"

Im späten 19. Jahrhundert hatte man im Schwarzatal schon Bäder gebaut, die aber bald den Anforderungen der Gäste nicht mehr entsprachen. So entschloss man sich in Reichenau, ein zukunftsweisendes Bad zu errichten: mehrere Becken, deren zufließendes Wasser über eine Zirkulationsanlage in zwei Kesseln auf 28 Grad erhitzt werden konnte. Es war für geraume Zeit das erste beheizte Bad der Monarchie – eine Sensation! Und zieht auch heute noch, stark modernisiert, viele Badelustige an.

Im Jahr 1928 wurde dann das Schwimmbad Edlach eröffnet. Das Wasser des Beckens konnte mittels einer Heizanlage auf 22 Grad erwärmt werden. Aber die eigentliche Sensation dieses Bades war echter Meeressand aus Grado. In den aufgestellten Strandkörben stellte sich das Gefühl ein, mitten in den Bergen an der Adria zu sein. Dieses Erlebnisbad genoss einen solchen Zulauf, dass laut Zeitungsberichten an Sonntagen zusätzliche Notkabinen errichtet werden mussten, um dem Andrang der Besucher vornehmlich aus Wien standhalten zu können.

Empfehlenswert ist heute noch der Besuch der Badeanstalt Payerbach. Sie ist zwar neueren Ursprungs, vermittelt aber ein nostalgisches Gefühl der 1950er Jahre: Denn es kommt ganz ohne Rutschbahn aus, verfügt über hölzerne Kabinen und ebensolche Liegen am Beckenrand, ein gemütliches Café – und über viel Zeit, die man beim Zuschauen, Lesen oder einfachen Liegen in der Sonne verbringen kann.

Die traumverlorene Sommerfrische

Na und, könnte man jetzt sagen: Sommerfrischen gab es an vielen Orten, nicht nur in den Alpen, und sie wurden im Laufe der Zeit zu mondänen und sportiven Urlaubsorten, die ganz in unsere moderne Welt passen. Was ist anders an Rax und Semmering?

Um dies zu beantworten, muss man ein kleines bisschen ausholen und in der Vergangenheit wühlen: In der Dezemberverfassung von 1867 wurden die Juden der Habsburgermonarchie allen anderen Bürgern rechtlich vollkommen gleichgestellt. Das wirkte sich stark auf den Anteil jüdischer Bürger in Wien aus. Von allen Teilen des Reiches kamen sie in die Hauptstadt, um hier ihr Glück zu suchen: arme Bauern, Taglöhner und kleine Händler ebenso wie akademisch Gebildete, die sich im Zentrum der Monarchie größere Chancen ausrechneten. Um die Jahrhundertwende lebten in Wien um die 200 000 Juden, was ungefähr ein Zehntel der damaligen Einwohner ausmachte. Weil die jüdische Kultur besonderen Wert auf Bildung legte, gab es überdurchschnittlich viele erfolgreiche und gutverdienende Juden in der Stadt. Man denke nur an die Schriftsteller Arthur Schnitzler, Stefan Zweig, Franz Werfel, Alfred Polgar, Peter Altenberg oder Karl Kraus, an die Musiker Gustav Mahler

und Arnold Schönberg, an berühmte Ärzte wie Sigmund Freud, Viktor Frankl oder Victor Adler. Dazu Unternehmer, Industrielle, Leiter von Banken oder Versicherungsunternehmen – und viele andere.
Um ihre Gleichstellung zu unterstreichen, die zu oft nur eine rechtliche, aber keine gesellschaftliche war, traten viele Juden in Konkurrenz zu ihren Mitbürgern, um ihr Dazugehören zu unterstreichen. Manche von ihnen, und es war ein erklecklicher Anteil, ließen sich Landsitze in Payerbach-Reichenau oder am Semmering errichten, verbrachten die Sommermonate in Stadtnähe auf dem Land, erwiesen sich dort als Mäzene und wurden geschätzte Mitbürger.

Mit dem „Anschluss" Österreichs an das Deutsche Reich 1938 spitzte sich die Situation für die jüdische Bevölkerung dramatisch zu. Wer konnte, flüchtete ins Exil. Erst durften Juden keine Tracht mehr tragen, dann wurden ihre Häuser enteignet und „arisiert", ihre staatsbürgerlichen Rechte waren nichts mehr wert, der Transport in die Konzentrations- und Vernichtungslager war für die allermeisten das Todesurteil. Heute leben in Wien nur noch etwa 10 000 Menschen jüdischer Abstammung. An Rax und Semmering, wo sich einst viele wohlhabende Juden niedergelassen hatten, blieben die Gäste aus, Landhäuser verwaisten, Gaststätten und Cafés verloren ihre Kundschaft, Hotels und Pensionen mussten schließen. Die Sommerfrische zwischen Rax und Semmering verfiel in einen Dornröschenschlaf, aus dem sie sich im Wesentlichen bis heute nicht erholte. Denn als in den 1960er Jahren der Tourismus erste große Blüten trieb, lagen die angestrebten Urlaubsziele nicht mehr in der Nachbarschaft, sondern möglichst weit weg: Italien, Griechenland, Spanien. Und so ist es geblieben. Erst in jüngster Vergangenheit scheint sich daran langsam etwas zu ändern.
Fährt man heute zur Rax oder auf den Semmering, so kann man die einst so berühmten Sommerfrischen fast noch in ihrem

Originalzustand erleben und bewundern. Denn das meiste, was im Fin de siécle zur Freude und zum Vergnügen der Sommerfrischler errichtet und eingerichtet worden war, gibt es auch heute noch zum Staunen und Schwelgen. Deshalb ist die Region weiterhin jede Reise wert. Denn ob Spaziergang oder Wanderung, ob in der Badeanstalt, im Café oder in stuckverzierten Gasträumen mit großer Vergangenheit: Die Zeit der Habsburgermonarchie scheint hier lebendig zu sein und erlaubt einen nostalgischen und traumverlorenen Urlaub: Sommerfrische, wie sie sein soll!

Reichenau

„… statt einer peinlichen Kaltwasserordnung fand ich eine appetitliche Hausordnung, einschmeichelnde Badewannen aus Porcellan, hüpfende Betten, liebliche Douchen, verführerische Decken …“

Daniel Spitzer in seinen *Wiener Spaziergängen* (1874)

Edelraute

Musik Pavillon

Zwei Schlösser im Streit

Natürlich hat in folgender Sache auch der immer noch schwelende Antisemitismus eine Rolle gespielt. Vielleicht gar die entscheidende. Denn mit der rechtlichen Gleichstellung der Juden im Jahre 1867 war die Sache ja noch lange nicht ausgestanden. Die Juden der Habsburgermonarchie durften fortan rechtmäßig auch materielle Güter, Haus und Grund erwerben. Sie durften sich ebenso am neu konzipierten Wiener Ring, der Prachtstraße, die nach dem Abriss der alten Stadtmauer die Altstadt als Kern der Monarchie umschloss, prachtvolle Palais und Stadtvillen erbauen. Sie wurden bei Bedarf in den Adelsstand erhoben. Aber damit hatte es sich. Die Ringstraße grenzte den herrschaftlichen Adel sozial und von jedermann sichtbar vom Geldadel ab. Kurz gesagt: Jüdische Bankiers durften dem Kaiserhaus Millionen um Millionen leihen, durften sich Baron oder Ritter nennen, aber sie waren deshalb noch lange nicht hoffähig. Das heißt, sie wurden nicht eingeladen, wenn der Kaiser einen großen Empfang oder ein offizielles Fest gab. So die Ephrussis und Rothschilds, so auch die anderen. Obwohl sogar Kaiserin Elisabeth ihr nicht sehr kleines Privatvermögen bei den Rothschilds in der Schweiz deponierte. Rechtliche Gleichstellung bedeutete noch lange nicht soziale Gleichstellung. Um dieses Gefühl der Zurückweisung bei gleichzeitigem Wissen um die Bedeutung auf der einen Seite, um Dünkel und Überheblichkeit, zuweilen auch Antisemitismus auf der anderen Seite, ging es im Grunde wohl gleichfalls, als die beiden Protagonisten, Nathaniel Baron Rothschild und Erzherzog Carl Ludwig, aneinander gerieten. Es kam zum „Krieg der Schlösser“. Reichenau spielte dabei die Rolle eines stellvertretenden Kriegsschauplatzes.

Erzherzog Carl Ludwig, der Bruder des Kaisers, hatte sich schon früh aus der Politik zurückgezogen. Er diente dem Kaiser nur mehr bei repräsentativen Aufgaben, weswegen er im Volk als

Fotos:
vorangehende Doppelseite: Schloss Rothschild.
Doppelseite 42/43: links oben: Der Musikpavillon in Reichenau – hier vergnügen sich Kurgäste schon seit mehr als 100 Jahren.
links unten: In der Villa Coreth wohnte einst der Erzieher des Thronfolgers Franz Ferdinand.
rechts oben: Villa von Mathias von Schönerer, einem der bedeutendsten Eisenbahningenieure der Monarchie.
rechts unten: Pförtnerhaus am Eingang von Schloss Rothschild.
S. 41: Villa Edelraute mit Eingang in der „Beletage".

„Ausstellungserzherzog" bezeichnet wurde. Er war das, was man einen Familienmenschen nannte, kam ab 1867 während der Sommermonate regelmäßig nach Reichenau und bewohnte zunächst die Rudolfsvilla, später mietete er für den Sommer das Reichenauer Schloss; beides gehörte der Familie Waissnix. Im Jahr 1874 bezog die Familie dann ihr eigenes Domizil, die Villa Wartholz. Sie war von dem bekannten Ringstraßenarchitekten Heinrich von Ferstel erbaut worden und spiegelte den Wunsch der erzherzoglichen Familie: Nicht so sehr repräsentativer, sondern ein gemütlicher, eher großbürgerlicher Wohnsitz sollte es werden. Carl Ludwig lernte diesen zu schätzen, weshalb man in den meisten Jahren den Aufenthalt von Mai bis nach Weihnachten dehnte. Obwohl er als sehr leutselig galt, wusste er doch immer, seine persönlichen Interessen mit dem ganzen Gewicht der kaiserlichen Familie zu wahren und durchzusetzen. Mit ein Grund, warum die Reichenauer ihren hohen Mitbürger mit durchaus gemischten Gefühlen betrachteten, obwohl der Erzherzog oft Mitglieder des kaiserlichen Hauses zu Gast hatte und Künstler und Wissenschaftler nach Schloss Wartholz einlud, was dem Renommee Reichenaus als Sommerfrische des Reiches starken Auftrieb verlieh. Das zwiespältige Verhältnis der Einwohner zu ihrem kaiserlichen „Bürger" charakterisiert folgende Anekdote:

Der Alpinist und Schriftsteller Guido List schloss mit ein paar Wiener Journalisten eine Wette ab, nach der die Weltpresse auf eine von ihm getürkte Meldung hereinfallen würde. Am nächsten Tag übermittelte er einer großen Wiener Tageszeitung folgende Meldung: „Unter dem Vorsitze des Bezirkshauptmannes fand soeben in Payerbach eine Sitzung statt, in der beschlossen wurde, die Raxalpe abtragen zu lassen, weil sie seiner kaiserlichen Hoheit dem Erzherzog Carl Ludwig die Aussicht in die Steiermark versperrt, wenn er auf der Terrasse der Villa Wartholz allerhöchst die Kaffeejause einnimmt.“ Die Zeitung druckte die Meldung, man kannte den Erzherzog. Sie ging über Agenturen an die gesamte Weltpresse. Guido List hatte seine Wette gewonnen.

Nachdem der Erzherzog vor seinem Bruder Franz Joseph gestorben war, wurde sein Sohn Franz Ferdinand zum offiziellen Thronfolger ernannt. Er hatte einen großen Teil seiner Jugend in Reichenau verbracht und war bei den Einheimischen sehr beliebt. Mit sechs Jahren erhielt er einen Erzieher, der für die nächsten Jahrzehnte sein nächster und wichtigster Ansprechpartner sein sollte. Dieser Carl Graf Coreth ließ sich in der Eichengasse 28, die am Pförtnerhaus zum Rothschild-Schloss ihren Anfang nimmt, ein Landhaus bauen, um die wenige freie Zeit, die ihm die Begleitung des Thronfolgers ließ, mit seiner Familie vor Ort verbringen zu können.

Als nach der Ermordung Franz Ferdinands in Sarajevo seine sterblichen Überreste nach Wien überführt wurden, machte der Zug in Payerbach einen außertourlichen Halt, damit sich die Einwohner von Payerbach und Reichenau von ihm verabschieden konnten. So jedenfalls erzählen es die Alten.

Mit Franz Ferdinand und seinem Tod verbindet sich dabei auch eine alte Sage: Die Habsburger waren, wie ihre Verwandten, die Wittelsbacher, leidenschaftliche Jäger. Franz Joseph etwa verzeichnete in seinem langen Leben circa 70 000 Abschüsse, was ungefähr denen anderer Hochadeliger der damaligen Zeit entsprach. Franz Ferdinand aber übertraf sie alle bei weitem. In seinem gut 50-jährigen Leben verzeichneten seine Aufzeichnungen mehr als 250 000 Abschüsse. Er war nicht nur ein leidenschaftlicher, sondern ein blindwütiger, ein besessener Jäger, der sich gar eines dieser neuen Maschinengewehre aus den USA hatte kommen lassen. Nach einer alten, wohl keltischen Sage waren weiße Hirsche und Gemsen den „saligen Frauen", die im Gebirge lebten, heilig. Wer eines dieser Tiere tötete, musste eines baldigen Todes sterben. Im Sommer des Jahres 1913 erlegte der österreichische Thronfolger eine weiße Gemse, kaum ein Jahr später fiel er dem Attentat von Sarajevo zum Opfer. Ein halbes Jahrhundert später schoss der rumänische Diktator Ceaucescu aus der Gondel einer Bergbahn heraus ebenfalls eine weiße Gemse. Er wurde ein knappes Jahr später von Revolutionären hingerichtet. Zufall? Wahrscheinlich! Aber seltsam ist es doch.

Nach dem Tode Kaiser Franz Josephs wurde Karl I. letzter Kaiser des Habsburgerreiches. Wartholz war ihm Heimat von Kind an gewesen, deshalb wollte er auch seine kaiserliche Residenz hierher verlegen. Er kaufte im Umkreis viele Villen an, um seinen Hofstaat unterbringen zu können. Doch dazu kam es nicht mehr. Das Ende des Ersten Weltkrieges brachte auch das Ende der Monarchie. Wartholz aber war Privatbesitz der Habsburger. Deshalb blieb es auch in weiterer Folge unangetastet und fiel zuletzt dem Kaisersohn und späteren EU-Abgeordneten Otto von Habsburg zu, der hier geboren wurde und einen Großteil seiner Kindheit verbracht hatte. Heute ist das Schloss in privater Hand. Es kann nur auf Anfrage besichtigt werden.

Auch Nathaniel Baron Rothschild hatte sich wie sein Kontrahent, der Erzherzog, aus den Familiengeschäften zurückgezogen. Sein riesiges Privatvermögen erlaubte es ihm, seine Passionen, zu denen eine großzügige Spendenpraxis zählte, fast

ungebremst auszuleben. Seit 1879 kam er immer wieder nach Reichenau in die Sommerfrische und erwarb 1883 in Hinterleiten, heute ein Ortsteil von Reichenau, einen umfangreichen Grundbesitz. Von einem italienisch-französischen Architektengespann ließ er sich ein großzügiges, repräsentatives Schloss im Stil französischer Loire-Schlösser inmitten eines Landschaftsparks bauen. Das unterkühlte Verhältnis des Barons zum Erzherzog muss dabei eine gewichtige Rolle gespielt haben. Denn es fällt jedem Besucher sofort auf, dass es Schloss Wartholz weit in den Schatten stellt und augenfällig auf die soziale Gleichstellung, auf die Ebenbürtigkeit der Juden pochte. Darauf mag auch hinweisen, dass Baron Rothschild in den bereits 1887 fertiggestellten Personalbau eingezogen ist. Dieser war wesentlich einfacher konzipiert, dem englischen Landhausstil angepasst. Das Schloss selbst hat er nie fertigbauen lassen und ist auch nie dort eingezogen. Vielleicht, um zu demonstrieren, dass er diesen Repräsentationsbau für sich selbst nicht brauchte, aber ihn sich eben leisten konnte. 1889 schenkte er den weit fortgeschrittenen und imposanten Torso dem Verein für Brustkranke. Auf massiven Protest von Einheimischen und Sommerfrischlern, die sich hinter dem Einfluss des Erzherzogs versteckten, zog Baron Rothschild die Schenkung zurück und errichtete stattdessen mit dem Schloss eine Stiftung für invalide Subalternoffiziere der k. u. k. Armee. Eine wahrhaft vaterländische Stiftung, gegen die nun wirklich keiner etwas haben konnte; und der Zweck, dem Erzherzog bei Ausfahrten angesichts der Kranken die Laune zu vermiesen, war dennoch erfüllt.

Duft der Zeit

Das Schönste am Schloss Wartholz ist sein Garten. Für die Besucher sowieso, denn ein kleiner Teil davon ist öffentlich zugänglich und lädt ein zum Spazieren und Flanieren. Die Luft

Fotos:
vorangehende Doppelseite: Die Schlossgärtnerei Wartholz in Reichenau lädt ein zum Flanieren – und im Café-Restaurant zu Kaffee und Kuchen.

riecht dort blumig und mild, im Unterschied zur scharfen Bergbrise auf der Rax, zu der man jetzt von unten hinaufschauen kann. Der Garten wäre aber nichts ohne die Schlossgärtnerei, die prächtig dasteht, mit dem vielen Glas, von lindgrünen Holzbögen in Szene gesetzt. Oder ist es umgekehrt? Kommen durch das Glas die Laubsägearbeiten im „Semmeringstil" erst richtig zur Geltung? Die Gäste haben Zeit, sich dieser Frage ausführlich zu widmen.

Ja, Zeit haben und sich Zeit nehmen, schon das alleine ist die Erfüllung für manche gestressten Wiener, die sich gerne auf einen Kaffee im hellen, freundlichen Wintergarten niederlassen. Obwohl, manchen fällt die Entscheidung schwer: Drinnen im schönen Ambiente sitzen – oder doch lieber draußen im laubschattigen Garten? Auf jeden Fall ist man zum Genießen gekommen, zum Lesen, zum Tratschen oder zum zeitverlorenen Sitzen und „Spazierenschauen". Vor allem an den Feiertagen gibt es viel zu sehen, wenn die Wiener Society ihre schönsten Kleider ausführt und gespreizt Freunde begrüßt mit Luftküsschen links und Luftküsschen rechts. Fast so wie in der guten alten Sommerfrische-Zeit. Manchmal ist ein Fotoshooting zu beobachten oder eine exquisite Hochzeitsgesellschaft – meistens mit knallweißer Braut und vielen Blumen. Und zwischen den schönen Gästen ragen immer wieder Wanderer mit ihren Bergschuhen und Rucksäcken heraus. Sie haben sich ihre Pause redlich verdient! Eine Frau besonders, der wir begegneten: Sie war auf dem Ersten Wiener Wasserleitungsweg bis nach Kaiserbrunn gewandert und mit dem Bus zurück nach Wartholz gefahren. Der Fahrer sei mit einer solchen Geschwindigkeit durch das kurvige Höllental gerast, erzählte sie, dass sie unbedingt zur Beruhigung einen Rosenblüten-Lavendel-Spritzer trinken und irgendwas mit Schokolade essen müsse. „Nur weil es Höllental heißt, muss er doch nicht so höllisch schnell fahren!", beschwerte sich die Dame. Beim Anblick der vielen dekorativen Kleinigkeiten in den Verkaufsräumen der Schlossgärtnerei ist die Höllenfahrt aber schnell vergessen gewesen. Die Accessoires für Haus und Garten hatten es ihr besonders angetan.

Das Schloss kann man vom öffentlichen Teil des Gartens aus nicht sehen. Es liegt geheimnisvoll versteckt in seiner Weitläufigkeit mit den hohen Bäumen, grünen Wiesen und galoppierenden Pferden. Wenn man es sehen könnte, würde man auch den kleinen Teich mit dem Bootshaus entdecken, der sich vor dem Schlösschen erstreckt. Und an einem blauhimmeligen Tag würde man ganz versunken betrachten können, wie es sich mit seinen Türmchen und Erkern im Wasser spiegelt. Aber es ist ja nichts zu sehen. Zwar gibt es schöne Bilder mit dieser Ansicht, doch erkennt man darauf nicht, wie sich die starre „Habsburger Fassade" unweigerlich mit den Wellen bewegen muss, meist ganz sanft, vorsichtig und glatt, selten stürmisch, ausgelassen oder aufgewühlt.

Es ist aber sowieso Bewegung hineingekommen in das Schloss, seit es Michaela und Christian Blazek 2001 gemeinsam mit der Schlossgärtnerei gekauft haben. Die beiden haben das ziemlich heruntergekommene Gebäude so lange renoviert und restauriert, bis seine habsburgische Vergangenheit wieder zum Vorschein gekommen ist. Sie ist zum Greifen nah, fast schon Gegenwart. Zumindest, wenn man dort ist und das Schloss besichtigt. Einmal wurden wir von der Besitzerin persönlich geführt. Überall erinnern Büsten, Porträts und Fotos an die Habsburger und ihre mit dem Schloss verbundene Geschichte. Der Geruch einer

längst vergangenen Zeit hängt hier noch in allen Räumen. Vor allem in der Hauskapelle, in der ein überdimensional großes Bildnis des letzten Kaisers hängt. 2004 wurde dieser vom Papst sogar seliggesprochen, weil er ein Wunder vollbracht haben soll: Demnach wurde eine polnische Ordensfrau im Jahr 1960 spontan von ihren Beingeschwüren geheilt, als sie sich im Gebet an Kaiser Karl I. wandte. In der Reichenauer Kirche kann man alles über diese Seligsprechung nachlesen.
Aber zurück zur Schlosskapelle: Die heutige Besitzerin erzählte uns, dass hier Otto Habsburg getauft wurde, der Sohn des seligen letzten Kaisers und seiner Frau Zita. Niemand ahnte damals, dass es einmal an ihm sein würde, das Familienschloss der Habsburger zu verkaufen.

Nach dem Ende des Ersten Weltkrieges wurde die Familie aller kaiserlicher Würden enthoben, 1919 aus dem Land gewiesen und schließlich nach Madeira verbannt. Was muss im Kaisersohn vorgegangen sein, als er 1972 erstmals wieder an den Ort seiner Kindheit zurückkehrte? Otto von Habsburg hielt im Hotel Payerbacherhof einen Vortrag und 1986 einen in Wartholz. Man möchte denken, der Sohn des letzten Kaisers wirkte damals schon etwas aus der Zeit gefallen. Jemandem zu begegnen, der Kaiser von Österreich sein könnte, wenn die Geschichte andere Wege gegangen wäre, muss die Menschen jedoch auf besondere Weise beeindruckt haben. Als er 1997 im Schloss Rothschild erschien, erhielt er nicht enden wollende Standing Ovations. Es ist schon etwas anderes, wenn die Vergangenheit plötzlich in Person vor einem steht. Und wenn die Person wieder verschwunden ist, bleibt doch etwas von dieser seltsamen Aura übrig, die noch lange herumschwebt. Auf Schloss Wartholz streicht sie in dicken Schwaden herum und besonders in der Schlosskapelle atmen wir sie mit der Luft. Otto von Habsburg war tatsächlich auch bei den neuen Schlossbesitzern auf Besuch und hatte darum gebeten, in der Kapelle eine Andacht halten zu

dürfen. Was mag ihm wohl durch den Kopf gegangen sein? Und was hat er ganz insgeheim bei sich gedacht, als er 2001 gemeinsam mit dem berühmten Maler Ernst Fuchs zur Fuchsien-Ausstellung nach Reichenau eingeladen wurde? Die beiden haben je eine Patenschaft für eine Fuchsien-Neuzüchtung übernommen. Otto von Habsburgs Fuchsie erhielt den Namen „Zita", und die von Fuchs scheint nirgends auf. Wahrscheinlich hieß sie „Fuchs" – erscheint uns passend, für Ernst Fuchs und die Fuchsien-Ausstellung.
Man muss aber gar nicht so viel nachdenken über die Habsburger in Wartholz, wenn man das nicht will. Im Literatursalon gibt es regelmäßig Lesungen zu junger, frischer Gegenwartsliteratur. Und wer im Hier und Jetzt richtig sommerfrischeln will, kann sich auch mit einem in der Schlossgärtnerei bestellten Picknickkorb in einen Strandkorb an die Schwarza setzen und seine Seele ein wenig im Wasser spazierenschwimmen lassen.

Wie aus dem Wartkreuz das Wartholz wurde

Früher war das Wartkreuz wahrscheinlich wirklich nur ein einfaches Holzkreuz: Erst im 15. Jahrhundert wurde an seiner Stelle eine Lichtsäule gesetzt, gekrönt mit einem Tabernakelaufsatz. Das war früher der Platz, an dem die Bauern und Handwerker der Reichenauer Talschaft zu einem vereinbarten Zeitpunkt ihre Herrschaft empfangen mussten. Denn die ganze Gegend gehörte über 450 Jahre lang zum Zisterzienserkloster Neuberg in der Steiermark auf der anderen Seite des Preiner Gscheid. Der Abt kam jedes Jahr, begleitet von Mönchen, zur Visite seiner hiesigen Besitzungen herüber. Er erteilte den Talbewohnern seinen Segen, der kniefällig empfangen wurde, und bezog Quartier im Vorgängerbau des heutigen Reichenauer Schlosses. Weil es ihm so gut gefiel im

Land unter der Rax ist er oft auch mehrere Monate geblieben. Ob's seinen Grundholden gefallen hat? Er ergötzte sich jedenfalls an der reinen und guten Luft und kann deshalb schon als Vorgänger der späteren Sommerfrischler gelten. Und dies, obwohl das Tal damals als ein wichtiger, regionaler Standort der eisenverarbeitenden Industrie galt und wenigstens partiell nach dem Ausglühen von Holzkohle und dem Gießen des Erzes roch.
Das Wartkreuz steht immer noch. Man findet es an der Straße in die Prein, von der links die Straße zum Orthof abzweigt. Als Erzherzog Carl Ludwig ein großes Stück Land zur Errichtung seines Sommersitzes erwarb, gehörte das Wartkreuz dazu. Daraus entwickelte sich der Name seines Schlosses „Wartholz".

Parzellen im Schatten der Kaiserfamilie

Zwischen den beiden Schlössern, die trutzig ihren gesellschaftlichen Rang verteidigten, erstreckte sich eine weite Fläche, Wiesengrund mit Bäumen, Weidegründe, Ackerflächen. Dieses ganze Gelände gehörte Leo Herzel Ritter von Hertberg, einem umtriebigen Geschäftsmann. Von dem bekannten Gartenbauarchitekten Lothar Abel ließ er einen Parzellierungsplan entwickeln, der ihm viel Geld einbringen sollte. Er wies Grundstücke zwischen 3000 m² und 10000 m² aus, es sollte mit einer Art offener Gartenstadt großzügig bebaut werden. Vorbild war das „Cottage-Viertel" in Wien-Döbling. Da Hertberg damit rechnete, dass die Anwesenheit der kaiserlichen Familie in Wartholz das Interesse potentieller Käufer beflügeln würde, stiegen die Quadratmeter-Preise deutlich, je näher man dem Parkeingang des Schlosses Wartholz kam. Bis in die 1890er Jahre wurde diese Idee zügig realisiert. In der Schulstraße, in dem auch das Reichenauer Bad und das Waissnix-Schlössl liegen, kann man

das ursprüngliche Konzept noch verfolgen, obwohl in der Zwischenzeit viele der großen Grundstücke geteilt und mit einer weiteren Villa bebaut wurden.
Spaziert man vom Pförtner-Haus des Rothschild-Schlosses in die Eichenstraße und macht an dem kleinen Platz einen Abstecher nach rechts in die Schulstraße, kann man sich offenen Auges in die Zeit des Fin de Siécle träumen. Nur selten behelligt von Autos oder Fußgängern sieht man Villen aus der Glanzzeit der Monarchie. Kaum von modernen Zu- oder Anbauten verändert, geben sie auch Unkundigen Einblick in die gesellschaftliche Bedeutung, welche die jeweiligen Erbauer sich selbst zumaßen. Da gibt es imposante, bogenförmige Auffahrten in die Beletage, in deren Schatten die Dienerschaft ihr Reich hatte, Häuser, die eher an Großstadtvillen erinnern, aber auch andere, die den ländlichen Charakter der Sommerfrische betonten, ohne in einen dezidiert alpenländischen Baustil zu verfallen, wie man ihn am Semmering als eigenständige Stilart bewundern kann.
Die Parzelle, die dem Eingang des erzherzoglichen Parks am nächsten lag, reservierte Ritter Hertberg für sich und ließ von seinem Architekten Abel 1894/95 einen heute noch beeindruckenden Bau errichten. Er zog ebenso nicht ein, sondern bestimmte den Bau als Sitz des Forstamtes. Wie so viele Bauten in unmittelbarer Nähe von Wartholz wurde auch dieser vom späteren Kaiser Karl I. angekauft, um seinen Hofstaat unterzubringen.
Es war nur eine Frage der Zeit, bis die ersten, oft einheimischen Grundbesitzer auf die Idee kamen, Häuser nur mit vermietbaren Ferienwohnungen zu bebauen, die man den Rest des Jahres einfach leer stehen ließ. Die Villa Eiche (Eichenstraße 20) ist so ein Bau mit zwei großzügigen Ferienwohnungen auf zwei Etagen. Sie waren möbliert und mit allem Lebensnotwendigen selbst für einen längeren Aufenthalt ausgestattet. Nur Bettwäsche und die persönlichen Habseligkeiten mussten mitgebracht werden. Natürlich fanden in diesen Wohnungen auch die Dienstboten und die Köchin ihren Platz.

Hauptstraße und Kurpark

Spaziert man durch den Payerbacher Kurpark und das Viadukt weiter die Schwarza entlang, triff dieser gemütliche Weg beim Reichenauer Theater auf die Hauptstraße, die, von Gloggnitz kommend, Payerbach und Reichenau Richtung Höllental und Schwarzau durchquert, heute die Hauptschlagader eines geruhsamen Durchgangsverkehrs. Kurz vor dem Theater und einen gewichtigen Platz am Schwarza-Ufer beherrschend, stand zu Zeiten der Sommerfrische der Gerhardthof. Gerhardt war ein Wiener Fiaker-Großunternehmer, der sich in Reichenau gute Geschäfte erhoffte. Zu Beginn der Saison im späten Frühjahr schickte er eine Kolonne von 35 Ein- und Zweispännern los, die im Gerhardthof untergebracht waren und den Sommergästen als Lohnkutschen zur Verfügung standen.

Man muss sich das einmal vorstellen: Remisen für mindestens 35 Kutschen, dazu Stallungen für mindestens 70 Pferde, die Weideflächen benötigten, und Futter, das jeden Tag in Mengen herbeigeschafft werden musste. Dazu Quartiere für die Kutscher, die Futtermeister, die Stallburschen; sicher gab es auch eine Schmiede und Werkstätten für Wagner und Sattler auf dem Gelände; und eine Verwaltung, die gut zu tun hatte – denn neben den Gästen, die mit dem Zug anreisten und um die Jahrhundertwende ihre Ankunft oft schon mit dem Telegraphen ankündigten, gab es auch viele, die für Ausflugsfahrten, Transporte und andere Taxidienste eine Kutsche benötigten und den Hausdiener schickten. Es war ein ständiges geschäftiges Kommen und Gehen in diesem Gerhardthof. Man kann sich gut vorstellen, dass die einheimischen Fuhrunternehmer, die ihre Gäste oft selbst kutschierten und den Lohn als Nebenverdienst gut brauchen konnten, über diese massive Konkurrenz nicht gerade erfreut waren. Zumal viele Sommerfrischler die Kutscher des Gerhardthofes schon von Wien her kannten und am liebsten mit ihnen fuhren. Im Ersten Weltkrieg, als es mit der Sommerfrische doch etwas bergab ging und sie sich für die Fiaker aus Wien nicht mehr rentierte, wurde der Gerhardthof zum Standquartier für Pferde und Wagen der kaiserlichen Hofhaltung, die 1917/18 in Schloss Wartholz residierte.

Das Reichenauer Theater ist seit vielen Jahren kultureller Mittelpunkt des Tales. Hier werden in den beiden Sommermonaten Stücke vor allem der Autoren aufgeführt, die in direkter Beziehung zu Reichenau standen: Arthur Schnitzler, Hermann Bahr oder Franz Werfel. Wenn man Glück hat, kann man während der Aufführungswochen berühmte Schauspielerinnen und Schauspieler des Burgtheaters oder anderer großer Wiener Bühnen mit dem Radl durch die Dorfstraßen fahren oder im Café sitzen sehen.
Ursprünglich war das Theatergebäude um 1867 von den Gebrüdern Waissnix als Holzschleife erbaut worden, die das Material für ihre Hirschwanger Zellulosefabrik lieferte. Sie stellte allerdings bereits 1884 den Betrieb ein. Das Gebäude verfiel, bis die Gemeinde es 1922 aufkaufte und in ein Theater- und Konzerthaus umbauen ließ, in dem mehr und mehr das Kino den Theaterbetrieb verdrängte. Die Reichenauer Sommerfestspiele nahmen erst nach 1988 sehr erfolgreich an Fahrt auf.

Gehen wir noch ein paar Meter die Hauptstraße zurück, finden wir unter Hausnummer 26 die ehemalige Villa Széchényi. Der königlich-ungarische Oberststallmeister und Minister am allerhöchsten Hoflager war für den sogenannten Ausgleich Ungarns mit Österreich verantwortlich, der das staatliche Miteinander der beiden Länder regeln sollte. Für diesen Ausgleich hatte sich auch Kaiserin Elisabeth stark gemacht, die dazu, wie man sagt, in intensive Verhandlungen mit dem Grafen Andrássy getreten war. Graf Széchényi verbrachte mehr als 50 Sommer in seiner Reichenauer Villa, die zum Zentrum der obersten Sommergesellschaft wurde. Der Tennisplatz geriet zum Mittelpunkt aller an diesem modernen Sport Interessierten. Hier traf sich die noble Sommerfrische-Gesellschaft, um zwischen einem Match Champagner zu trinken, zu flirten und sicherlich auch, um in lockerer Atmosphäre den einen oder anderen Gedanken fallen zu lassen. Die große Terrasse war Schauplatz vieler sommerlicher Feste und Theateraufführungen und bot ebenfalls Gelegenheit, sich gesellschaftlich und auch politisch näherzukommen. Zurück zum Theater und ein paar Meter weiter (Hauptstraße 30a) steht die Bergrettungszentrale. Sie wurde als weltweit erste im Jahr 1896 gegründet, nachdem es seit den 90er Jahren immer wieder zu größeren Bergunfällen gekommen war. Denn die Wiener strömten in großer Zahl in die Berge und vor allem auf die leicht erreichbare Rax, waren aber oft unerfahren und nur mangelhaft ausgerüstet.

Nach Theater und Bergrettungszentrale ein kleines Stück das Seitensträßlein weiter steht die Waissnix-Mühle (Friedrich-Zach-Gasse 20). 1837 erfand Ignaz Waissnix eine Maschine, die Gerstenkörner zur Erzeugung von Rollgerste zerschneiden konnte – und erhielt dafür ein kaiserliches Privileg. Dieses Patent, wie man das Privileg durchaus nennen kann, zeitigte binnen kurzer Zeit großen Erfolg: Zehn Jahre später standen an diesem Platz bereits vier Gerstenrollgänge, zwölf Mühlen und eine Brettersäge. Die Gerste wurde aus Rumänien und Ungarn importiert, in Reichenau verarbeitet und in den Balkan und bis nach Ägypten exportiert. 1889 jedoch war die ausländische Konkurrenz so stark geworden, dass der Betrieb eingestellt wurde. Die Gemeinde Reichenau kaufte später die heruntergekommenen Bauten. Heute stehen an ihrer Stelle ein Elektrizitätswerk und Wohnungen.

Im Jahr 1874 wurde die erste Apotheke in Reichenau eröffnet (Hauptstraße 51). Im Verkaufsraum kann man die damalige Inneneinrichtung immer noch bewundern. Früher hatte die

Apotheke eine Veranda, wo die Kunden Platz nahmen, die auf die Fertigstellung einer Arznei warteten. Denn der Arzt verordnete die Inhaltsstoffe und Mengen. Gemischt und aufbereitet wurden sie dann vom Apotheker. Die Patienten konnten sich, so erzählt man, ihre Wartezeit mit einem Kaffee aus dem benachbarten Caféhaus verkürzen.

Das Hotel Marienhof (Hauptstraße 71–73) ist mindestens seit 1785 nachweisbar. Es wechselte mehrmals den Besitzer, wurde immer wieder erweitert und galt seit 1864 als Hotel. Dreißig Jahre später wurde es abgerissen und 1897 durch einen (damals) hochmodernen Neubau ersetzt, der über eine eigene Wasserleitung und eine Beleuchtung verfügte, die aus der eigenen Ölgasanstalt gespeist wurde. In den Kriegs- und Nachkriegszeiten diente das Hotel den unterschiedlichsten Zwecken, verkam langsam zu einer Ruine und wurde erst 1978 zu neuem Glanz erweckt.

In dem Haus gegenüber dem Hotel (Hauptstraße 72) wurden gegen Ende des 18. Jahrhunderts die Kinder der bei der Innerberger Hauptgewerkschaft beschäftigten Arbeiter unterrichtet. Als später eine Schule für alle Reichenauer Kinder eingerichtet wurde, kaufte der Wirt des späteren Marienhofes das Haus und richtete darin eine Bäckerei ein. Sie belieferte auch die Familien der Erzherzöge Carl Ludwig und Franz Salvator. In der zugehörigen Zwieback-Fabrik wurde der Reichenauer Zwieback hergestellt, der der Kaiserin Elisabeth so schmeckte und auch heute noch gern gekauft wird.

Hinter dem alten Schulhaus, der Schwarza zu, erstreckt sich längs der Hauptstraße der Reichenauer Kurpark. Ursprünglich fügte er sich aus zwei Teilen zusammen, der eine wurde in den 90er Jahren des 19. Jahrhunderts ausgehoben: ein Teich rund um die „Lenau-Insel", benannt nach einem der ersten Schriftsteller,

Nikolaus Lenau, der hier die Sommerfrische verbrachte und der weitläufig mit den Doderers verwandt war. Auf diesem großen Teich kann man auch heute noch eine geruhsame Kahnpartie machen. Vor dem Teich errichtete man eine „Wandelbahn mit integriertem Musik-Pavillon" in dem bekannten Laubsägestil der Jahrhundertwende, der auch den Payerbacher Kurpavillon schmückt. Die Wandelbahn erlaubte es den Gästen, unbehelligt von Sonne oder Regen, zu promenieren und zu parlieren oder dem in einer Ausbuchtung dieses Wandelganges musizierenden Orchester zu lauschen. Links von Kurpavillon und Teich wurde in den 1950er Jahren ein Caféhaus im Stil der Neuen Sachlichkeit erbaut. Auch wenn es optisch nicht ganz zu Reichenau passt – Kaffee und Mehlspeisen schmecken hervorragend.

Auf einem eisernen Steg über die Schwarza erreicht man die Esplanade, die auch zur Haltestelle der Museumsbahn führt. Im Zuge der Niederösterreichischen Landesaustellung im nahen Gloggnitz 2003 wurden hier steinerne Koffer aufgestellt, die an bedeutende ehemalige Besucher Reichenaus erinnern.

Folgt man der Hauptstraße bis zum Erlanger Platz, spaziert man durch den Erlanger Park, der ersten öffentlichen Parkanlage von Reichenau. Sie wurde 1881 vom Verschönerungsverein eingerichtet und nach dem Wiener Bankier Viktor Baron Erlanger benannt. Er verlebte mehr als 20 Sommer, von 1873 bis 1894, in Reichenau, spielte in der Sommerfrische-Gesellschaft eine bedeutende Rolle und galt als großer Mäzen. In dem heute nicht mehr existenten Pavillon konzertierte bis zum Bau des vorher genannten Pavillons täglich die Kurkapelle.

Dem Schwarza-Kai zu finden wir einen modernen Kristallbrunnen, der an die erste Wiener Hochquellen-Wasserleitung erinnert.

Der Schlossplatz

Folgt man vom Erlanger Platz der Straße zur Rechten, betritt man nach wenigen Metern die Brücke. Flussaufwärts sieht man die renaturierte Schwarza und den Spazierweg, der sich im Grünen verliert. Früher war dieser Platz am Fluss das rührige Gewerbegebiet von Reichenau und Zentrum der regionalen Eisenindustrie. Hier am Fluss reihten sich alle Handwerksbetriebe, die Wasserkraft benötigten: Kornmühlen und Brettersägen, aber auch Schmieden und besonders Hufschmiede waren hier zu finden. Gerade sie hatten alle Hände voll zu tun, die vielen Pferde zu beschlagen, die man als Zugtiere oder zum Reiten benötigte. Hier arbeiteten auch alle anderen Gewerke, die man etwa für die Eisenindustrie brauchte.

Ein kleines Stück weiter steht man am Schlossplatz. Im frühen Mittelalter gab es hier wohl eine Veste. Das heutige ansehnliche Gebäude, mittlerweile als Schloss bezeichnet, diente später hauptsächlich als Verwaltungsgebäude, zunächst von Kloster Neuberg, das 450 Jahre lang das Reichenauer Tal in Besitz hatte, später saß hier die Werksleitung der Eisenwerke, die die Innerberger Hauptgenossenschaft vom Kloster erworben hatte. Die schlossähnliche Fassade war sicher gewollt, vermittelte sie doch den Eindruck von etwas Bedeutendem, etwas Herrscherlichem, und machte Eindruck auf die Untertanen, später die Arbeiter. Der Begriff „Schloss“ hat sich eingebürgert, auch als die Waissnix dieses Verwaltungsgebäude aufgekauft hatten und es für eine kurze Zeit als Wohnung nützten. Es ist noch nicht lange her, dass die letzte Nachfahrin dieser Familie das Schloss der Gemeinde vermacht hat, die es nach der Stifterin Wunsch zu einem Kulturzentrum ausgebaut hat, in dem Ausstellungen und kulturelle Veranstaltungen stattfinden. Der Rundturm an der Schlosstaverne (Schlossplatz 15) rechts ist der letzte Rest der einstigen Veste.

Der Wirtschaftshof (Schlossplatz 11, 13) diente der Versorgung des Schlosses, zum großen Teil sicher auch von Angestellten, Beamten und Arbeitern. Denn die Hälfte der Entlohnung der annähernd 250 Arbeiter erfolgte in Naturalien. Robert Pap schreibt in seinen *Reichenauer Spaziergängen* (2012), dass im Jahr 1799 fast 140 000 Liter Korn, 65 000 Liter Hafer und 50 000 Liter Weizen pro Monat meist in Ungarn angekauft werden mussten, um die Arbeiter zu bezahlen. Dazu fast 800 Kilo Schmalz, 560 Kilo Kerzen zum Beleuchten der Wohnungen und 780 Meter rupfenes Tuch. Noch bis um die Wende vom 19. zum 20. Jahrhundert wurde in Handwerk und Industrie ein Teil des Arbeitslohnes in Form von Bier zum Löschen des Durstes abgegeben. Erst dann wurde dieser letzte Rest von Naturalentlohnung durch Geld abgelöst. Geblieben ist uns aus dieser Zeit das „Trinkgeld".
Johann Michael Waissnix ließ das Kastengebäude zum Wohnhaus umbauen. Nach seinem Tod wurden hier Geschäfte eingerichtet, die Wohnungen an Sommergäste vermietet. Das Obergeschoss diente als Pfarramt und Wohnung des Pfarrers.

Im Verwalterhaus (Schlossplatz 7) war die 1872 gegründete Sparkasse untergebracht. Sie stellte eine große Erleichterung für die Reichenauer dar, denn nun konnten sie ihr Geld deponieren und bei Bedarf sofort darüber verfügen. Brauchten sie vorher Geld, mussten sie gelagertes Getreide zum Marktpreis verkaufen, der oftmals ziemlich niedrig war. Jetzt konnten sie abwarten, bis das Getreide hoch gehandelt wurde. Heute ist in diesem Gebäude der Kindergarten untergebracht.
Gegenüber vom Schloss steht die Pfarrkirche von Reichenau, im 19. Jahrhundert im österreichischen Spätbiedermeierstil erbaut. Weil sie auch als Werkskirche zu dienen hatte, wurde sie der Hl. Barbara, der Schutzpatronin der Bergleute, geweiht.

Von der Rudolfsvilla zum Sisi-Schloss

An der Kirche vorbei führt ein kurviges Sträßchen leicht bergauf. Nach etwa 200 Metern stehen wir vor einem schmiedeeisernen Tor, das den Blick in einen größeren Garten freigibt. Er gehört zu einem herrschaftlichen Haus (Thalhofstraße 6), einer Villa, die – vielleicht wegen ihrer beiden vorkragenden Seitenflügel – einen etwas abweisenden Eindruck macht.

Mit dem Bau der Eisenbahn ist Kaiser Franz Joseph ab 1851 öfters in sein Kreuzberger Jagdrevier gekommen und hat dabei meist im Thalhof übernachtet. Da das sogenannte Kaiserzimmer des Thalhofes eher bürgerlich denn hochherrschaftlich war, beschlossen die Brüder Johann Michael und Alois Waissnix, dem Kaiser ein standesgemäßes Haus zur Verfügung zu stellen. Die Aufenthalte des kaiserlichen Hofes waren für Reichenau buchstäblich „Gold wert", wie Johann Michael Waissnix, der auch Bürgermeister war, sehr wohl wusste. Im Jahr 1853 bereits hatten die Brüder ein altes Bauernhaus mit großem Umgriff erworben, das sie jetzt abreißen und stattdessen einen herrschaftlichen Neubau errichten ließen. Man nannte ihn Kaiservilla. Im Jahr 1859 beschloss der Kaiser, diese Villa als Sommersitz seiner Kinder Rudolf, des Thronfolgers, und dessen Schwester, Erzherzogin Gisela, anzumieten. Bis zum Jahr 1864 bezogen die beiden Kinder mit ihrer Entourage jeden Sommer die Villa. Bei den Kindern wohnten zeitweise nicht nur die Eltern, Franz Joseph und Sisi, sondern auch die Großeltern väterlicher- und mütterlicherseits und diverse andere Verwandte aus den Familien der Habsburger und Wittelsbacher. Es schien zuweilen, als sei Reichenau die Sommerresidenz des Wiener Hofes gewesen – es zog natürlich auch viele andere, dem Hofe nahestehende oder sich in seiner Sonne spiegelnde Gäste an. Das größte Ereignis dieser Jahre war die Feier zum dritten Geburtstag des Kronprinzen, zu dem die Reichenauer Jägerschaft Rudolf im Garten eine kleine Jagdhütte aufstellte und alles zu Gast war, was in Wien Rang und Namen hatte. Kronprinz Rudolf galt als hypernervöses Kind, das sehr oft an Schlaflosigkeit litt. In einem Zeitungsartikel des Jahres 1919 berichtet Klothilde Benedikt über den Thronfolger: „… seine enorme Schlaflosigkeit führte zur Anstellung eines ‚Schlafknaben', wie die schottischen Kronprinzen Prügelknaben hatten. Der Sohn des Besitzers des Thalhofs in Reichenau … musste sich stundenlang im Wald neben den Kronprinzen hinlegen und schlafend stellen, welches gute Beispiel aber nichts nützte." Im Jahr 1864 wurden die beiden Kaiserkinder getrennt, Rudolf wurde einem männlichen Erzieher übergeben. Von da an kamen die Kinder nicht mehr nach Reichenau.

Als die jetzt so genannte Rudolfsvilla nicht mehr benötigt wurde, schlugen die Waissnix das Haus dem nebenan errichteten Rudolfsbad als Dependance zu, unterbrochen nur von den Sommeraufenthalten Erzherzog Carl Ludwigs mit Familie (1867–1869), dem Bauherrn des Schlosses Wartholz.

Heute kann man in der jetzt Sisi-Schloss genannten Privatvilla Appartements für den Sommeraufenthalt mieten. Wobei der Name Sisi-Schloss lediglich dadurch gerechtfertigt ist, dass die Kaiserin und Mutter hin und wieder ihre beiden Kinder in der Sommerfrische besucht hatte.

Schon seit Längerem kamen immer wieder Wiener Ärzte nach Reichenau, um sich hier in der guten und gesunden Luft zu erholen. Einer von ihnen war der berühmte Dermatologe Ferdinand von Hebra, der sich eine heute allerdings deutlich veränderte Villa (Schneedörflstraße 12) in Holzbauweise errichten ließ. Er war Anhänger der Prießnitzschen Wasserkur und geistiger Vater des in direkter Nachbarschaft zur Rudolfsvilla errichteten Rudolfsbades. Die neue Wasserheilanstalt wurde 1866 eröffnet. Sie war hochmodern und mit den neuesten Errungenschaften der Kurmedizin ausgestattet. Neben den Wasseranwendungen gab es auch Molke-Trinkkuren. Der Badearzt verordnete zudem Bewegung mit der Terrainkur, wozu Wege mit verschiedenen Steigungen eingerichtet worden waren. Da die Waissnix sehr wohl wussten, wie man sich verkauft, hatten sie eine Sonderzug organisiert, der Ärzte und Journalisten von Wien zu einem Besuch des Bades transportierten.

„Ich muss gestehen, dass mich diese Kaltwasseranstalt etwas enttäuschte. Ich hatte mir vorgestellt, grauenhafte Instrumente zu finden und Marterwerkzeuge … Aber statt einer peinlichen Kaltwasserordnung fand ich eine appetitliche Hausordnung, einschmeichelnde Badewannen aus Porcellan, hüpfende Betten, liebliche Douchen, verführerische Decken … Im ersten Stocke fand ich einen Rauchsalon mit einem noch keusch verhüllten Billard und einen Conversationssaal …"

Der Satiriker und Feuilletonist Daniel Spitzer in seinen *Wiener Spaziergängen* (1874) über die Besichtigungsfahrt zur neuen Wasserheilanstalt

Die Gäste wollten nicht nur mit allen möglichen Anwendungen ihre Gesundheit pflegen. Sie hielten dafür, auch Unterhaltung als Mittel der Gesundung zu nutzen. Wenn bei einer nachmittäglichen Kartenpartie etwa ein Spieler fehlte, musste der Oberkellner die weithin hörbare Dinnerglocke läuten, worauf mancher einheimische Handwerker sein Werkzeug fallen ließ und als vierter Mann zum Tarockieren ins Kurhaus eilte. Bereits nach dem Ersten Weltkrieg allerdings entsprach das Kurhaus nicht mehr den Anforderungen und 1969 wurde es abgerissen.

Neben einigen anderen Villen, die einen Eindruck von der Zeit um die Jahrhundertwende vermitteln, sei auf die Villa Schauta (Schneebergweg 20) hingewiesen: Nachdem er lange in Prein und später im Thalhof seine Sommer verbracht hatte, ließ sich der Gynäkologe Friedrich Schauta hier ein Landhaus errichten, das sich in der Architektur stark an die Villen am Semmering anlehnte. Schauta war durch die Entwicklung neuer Operationsmethoden weltbekannt geworden. Man nannte ihn auch den „Storch von Habsburg", weil er als Geburtshelfer vieler Kinder aus der Aristokratie Beistand geleistet hatte.

Am heutigen Sisi-Schloss vorbei, geradeaus über die Kreuzung, kommt man zur Villa Uhl. Der Hofbäcker Uhl vom Wiener Kohlmarkt hatte einst die Tochter Wilhelmina des alten Ignaz Waissnix geheiratet und sich auf einem vom Schwiegervater zur Verfügung gestellten Grundstück ein Landhaus erbauen lassen, das auch heute noch sein ursprüngliches Aussehen bewahrt hat.

Der Thalhof

Ein paar Meter weiter öffnet sich nach links eine große Wiesenfläche, an deren Ende der Thalhof liegt. Heute ist er, wie es in der Werbung heißt, „ein neu revitalisiertes Appartmenthaus". Es macht aus der Ferne, hinter der Wiese und vor dem Wald, eigentlich nichts Besonderes her. Jedenfalls dann, wenn man von seiner einstigen Bedeutung nichts weiß. Denn fast das gesamte 19. Jahrhundert war der Thalhof das unumstrittene Zentrum und die Herzschlagader von Reichenau, das sich in dieser Zeit zu einer der bedeutendsten Sommerfrischen des Habsburgerreiches mauserte. Deshalb muss ihm hier ein wenig mehr Platz eingeräumt werden.

Zugpferd für das rasante Anwachsen von Sommerfrische-Gästen war das Kaiserhaus, in Sonderheit Kaiser Franz Joseph selbst. Seit 1851, als die Eisenbahn schon Payerbach erreicht hatte, allerdings noch ohne über einen Bahnhof zu verfügen, kam der Kaiser regelmäßig und mehrmals im Jahr in das „kaiserliche Leibgehege Reichenau" zur Jagd. Wenn er mehrere Tage oder auch nur über Nacht blieb, bewohnte er immer das sogenannte Kaiserzimmer im Thalhof. Auch seine Jagdgäste, Mitglieder der weitverzweigten Familie oder des Hochadels, das kleine Gefolge und die Dienerschaft wurden ebenfalls im Thalhof untergebracht. In den 1880er Jahren dann wandte sich der Kaiser mehr seinen Neuberger

SZENEN AUS DER RUDOLFSVILLA

Jagdrevieren zu und kam nur mehr zur Auerhahnjagd zum Kreuzberg. Doch für die Sommerfrische Reichenau spielte das keine Rolle mehr, die kaiserliche Vergangenheit blieb, zumal die Familie weiterhin hierher kam oder gar sich hier niedergelassen hatte.

Neben den Ochsen für die Feldarbeit und den Kühen, die Milch lieferten, standen in den Ställen des Thalhofes neun Pferde, um den Kutsch- und Fahrdienst der hohen Herrschaften zu besorgen; natürlich waren auch zusätzliche Plätze für die Pferde von Gästen vorhanden. In der Remise parkten verschiedene Kutschen zur Auswahl; es gab sogar einen Gesellschaftswagen mit acht Sitzplätzen, Omnibus genannt. Die Mannschaft des Thalhofs lieferte nicht nur Frühstück oder Jause in die Jagdhütten, sondern versorgte Kaiser und Begleitung auch, wenn sie spätnachts nur zur Jagd anreisten und am frühen Morgen wieder nach Wien zurückfuhren, damit der Kaiser seine Amtsgeschäfte nicht versäumte. Auch als die Kinder des Kaisers, Kronprinz Rudolf und Erzherzogin Gisela, ihren Sommeraufenthalt in der Rudolfsvilla verbrachten, kamen viele Anverwandte zu Besuch. Kaiserin Elisabeth wohnte mehrmals im Thalhof. Er war Treffpunkt der Spitzen des Reiches. Beflügelt von den Berichten in den Zeitungen und Gazetten lockte die kaiserliche Sommerfrische in Reichenau immer mehr Gäste aus dem gesamten Vielvölkerstaat an.

Vom Dorfwirtshaus zur Nobelherberge

Der alte Ignaz Waissnix – wir haben schon von ihm und seiner Umtriebigkeit gehört – hat den Thalhof als Bauernhof über die Mitgift seiner Frau erheiratet und schon 1823, hier im Talschluss, eine Gast- und Tavernwirtschaft eröffnet, die bald gut frequentiert war. Dabei kam ihm zugute, dass 1833 die

Fotos:
vorangehende Doppelseite links: Sisi-Schloss „Rudolfsvilla“ in Reichenau.
rechts: Am Talschluss – umgeben von Wiesen und Wäldern: der legendäre Thalhof.

Straße durch das Höllental fertiggestellt worden war, auf der die Pilger nun in größerer Zahl durch das Schwarza-Tal nach Mariazell ziehen konnten. Der Thalhof florierte auch, weil viele Einheimische sich regelmäßig sehen ließen. Sie kamen nicht nur als Gäste, sondern bald ebenso als Geschäftspartner und Lieferanten für die verschiedenen Unternehmungen, die Ignaz Waissnix mit Eifer und Geschick betrieb. Sie lieferten Baumaterial und Holz, dann auch Lebensmittel, waren als Handwerker und Lohnarbeiter bei ihm tätig und nützten zudem seine vielfältigen Beziehungen für eigene Geschäfte – und fanden dabei seine Unterstützung. Der Fuhrdienst nach Wien etwa war fest in seiner Hand: Bei seinen regelmäßigen Fahrten in die Reichshauptstadt vertrauten ihm die Dörfler ihre Produkte zum Verkauf an, sogar Geld, das er in Wien in die Sparkasse einzahlte oder behob, da die erste Reichenauer Sparkasse erst 1872 gegründet wurde, übrigens ebenfalls auf Betreiben der Familie Waissnix. Außerdem brachte Ignaz von seinen Fahrten vor allem nach Ungarn und in die Balkanländer viele Spezialitäten für Küche und Keller mit, die es nicht ohne Weiteres zu kaufen gab, aber im Thalhof auf den Tisch kamen und viele wohlhabende Wiener anlockten.
Im Laufe der Zeit – und es dauerte gar nicht lange – kamen erste Gäste aus der Stadt. Das waren zum einen Naturwissenschaftler, die dem wachsenden Interesse an der Natur und ihren Gesetzmäßigkeiten hier am Fuß der Rax auf die Schliche kommen wollten. Andererseits aber auch Dichter, die dem

biedermeierlichen Erwachen der Liebe zur Natur nachspürten. Wir wissen von Nikolaus Lenau, Ferdinand Raimund, Johann Nestroy oder der Tänzerin Fanny Elssler, die sich im Thalhof einmieteten. Aber auch Mathias Ritter von Schönerer, der als einer der bedeutendsten Eisenbahningenieure seiner Zeit den Eisenbahnbau von Wien nach Gloggnitz (1842) verantwortete, logierte im Thalhof, bis er sich in Hinterleiten, auf der anderen Seite des Tales, ein eigenes Landhaus errichten ließ. Es liegt, etwas erhöht, auf dem halben Hang hin zum Rothschild-Schloss. In Edlach und Hirschwang, ganz in der Nähe, qualmten zu dieser Zeit noch die Schmelzöfen. Die Industrialisierung hinterließ im Schwarza-Tal damals noch ziemlich rußige Spuren, was allerdings keine Rolle spielte, denn auch wenn es qualmte und stank, schloss dies einen Sommerfrische-Betrieb nicht aus. Im Gegenteil: Der Ausflug zu den Eisenwerken und der Besuch der Semmering-Baustellen gehörte durchaus zum Besichtigungsprogramm der sensationslüsternen Sommergäste. Zumal sich die Söhne des Ignaz Waissnix, Alois und Johann Michael, die 1852 die verschiedenen Unternehmungen des Vaters übernommen hatten, rühmen konnten, auch die bedeutendsten Abnehmer der Hirschauer Eisenwerke geworden zu sein.

Mit dem Bau der Semmering-Bahn nahm die Zahl der Gäste zu, deshalb entschloss man sich 1855 zu einem ersten Anbau. Seit den 60er Jahren des 19. Jahrhunderts wurde im Thalhof und den zugehörigen Häusern ständig an- und umgebaut. Mit dem Rudolfsbad entstand nicht nur die erste Kaltwasser- und Molkekuranstalt des Reiches, auch der Thalhof vergrößerte sich und wurde in den 80er Jahren zu einem gesuchten und präferierten Nobelhotel. Um die Gäste standesgemäß zu verwöhnen, ließ man sogar Weine aus Bordeaux kommen, was nicht einfach war, denn es gab noch keine Zugverbindung zwischen Frankreich und Deutschland bzw. Österreich. Deshalb mussten die Flaschen zunächst mit dem Schiff nach Hamburg transportiert werden, um von da aus die Bahnreise nach Payerbach anzutreten. Ein bekannter Wiener Weingroßhändler lieferte Weine und Liköre aus Spanien und Portugal, renommierte Wiener Zuckerbäcker versorgten den Thalhof mit Fondant, Gelees und allerlei sonstigen Süßigkeiten für die Damen, den Herren offerierte man neben dem Tabak aus einheimischer Produktion auch echte Havanna-Zigarren. Die Gäste fühlten sich rundum versorgt und bestens betreut, sie kamen jedes Jahr für ein paar Wochen wieder. Zu ihnen gehörte auch die Familie des Großkaufmannes Moritz Engländer, zu der auch der Sohn Richard zählte, der unter dem Pseudonym Peter Altenberg als Schriftsteller bekannt wurde. Den Sommer nicht im Thalhof zu verbringen „ist für Einige ganz unmöglich, denn es stünde ihnen dann nicht dafür, das übrige Jahr zu leben!"

„Die ‚Stammgäste' eines Hotels haben eine eigentümliche Art von Sicherheit, die ein wenig an ‚Größenwahn' erinnert. Sie haben die Ansicht, dass alles glücklich sei, dass sie wieder da sind, und dass bisher im gesamten Hotelbetrieb eine Art von empfindlicher Stockung eingetreten sei, die nun glücklicherweise schwinden werde! Sie haben eine ‚falsche Liebenswürdigkeit' mit dem Bedienungspersonal, erkundigen sich nicht ungern nach Dingen, die sie nichts angehen. Auch ihre eventuellen ‚Beschwerden' gegen die Hotelusancen bringen sie in einem gütig-väterlich-wohlwollenden Tone an, als wollten sie das ganze Etablissement vor dem Ruine schützen! … Trotz aller dieser Eigenheiten möchte dennoch keine Gegend ihre Stammgäste missen, denn sie gehören dazu und machen das ganze sogar heimlich, wie die Schwalben, die Störche und anderes stets wiederkehrendes Getier!"

Peter Altenbergs Beobachtungen über die Stammgäste
in seinem Buch *Semmering 1912*

Der Thalhof lebte von diesen wohlhabenden Stammgästen, die zum Teil sogar weitläufig miteinander verwandt waren und den Sommer hier dazu nutzten, sich einmal wiederzusehen, dafür oft ganze Zimmerfluchten buchten, und versorgte sie aufs Beste. Man fühlte sich sicher in dieser Nische und weder die Brüder Waissnix noch ihr Nachfolger Karl, genannt Charles, sahen oder berücksichtigten, dass sich die Zeiten in den 80er Jahren änderten: 1882 wurde das Südbahnhotel eröffnet, wenige Jahre später folgte das Panhans, 1895 war aus dem ehemaligen Eisenwerk in Edlach ein modernes Hotel geworden, ein Jahr später folgte der Marienhof, damals Hotel Fischer geheißen. Mit ihnen erwies sich, woran es im Thalhof inzwischen grundsätzlich mangelte. Unter den gut 80 Zimmern gab es nur einzelne, die über sanitäre Anlagen verfügten, sie hatten höchstens ein Waschbecken im Zimmer, von Bad und Toilette ganz zu schweigen. Für die Gäste des Thalhofes gab es im Wesentlichen Gemeinschaftsbäder und Gemeinschaftstoiletten. So standen sich zwischen Rax und Semmering um die Jahrhundertwende zwei grundlegende Hotelkonzepte gegenüber: „modern in modernen Zeiten" mit allem erdenklichen persönlichen Komfort für die Gäste, dazu ein breites Angebot an sportlichen Aktivitäten gegen das „altväterliche, gemütliche Konzept" des Thalhofes, der seinen Gästen liebe Gewohnheiten und familiäre Behaglichkeit bot. Da musste der Thalhof unterliegen, zum einen, weil die Stammgäste immer älter wurden, zum anderen, weil Olga Waissnix, der gute Geist des Hauses, bereits 1897 starb.

Von Leutkauf und Tafelbetten

Wir haben großes Glück, dass wir auch über die Dienstboten und Landarbeiter des Thalhofes etwas erfahren können, denn sie finden in den meisten Fällen keinen Niederschlag in schriftlichen Aufzeichnungen. So stützen wir uns auf Robert Paps Buch *Der Thalhof bei Reichenau an der Rax* (2015), in dem er auf mehr als 400 Seiten die Geschichte dieses Hauses mit Akribie und großem Wissen aufbereitet.

Im Gegensatz zu Altbaiern, wo an Maria Lichtmess (2. Februar) das Bauernjahr endet und die Dienstboten aus dem bisherigen Dienst ausstehen und in einem neuen Einstand feiern, war dieser Tag im Thalhof und sicher auch in weitem Umkreis des Niederösterreichischen der 1. November. Da wechselten die Dienstboten ihren Dienst oder erneuerten ihr Dienstverhältnis für das nächste Jahr. Nicht nur im Thalhof gab es für die neu in Dienst getretenen ein Handgeld und es wurde der Monatslohn für das kommende Jahr vereinbart. Dessen Höhe schwankte, je nach der zu verrichtenden Arbeit auf dem Bauernhof oder im Hotel. Es scheint, als habe die jeweilige und meist böhmische Köchin am meisten verdient, was bei dem Anspruch des Hotels den Gästen gegenüber ganz natürlich erscheint. Das Trinkgeld musste abgeliefert werden und wurde am Monatsende zu gleichen Teilen an alle Bediensteten verteilt, wobei ein Mindesttrinkgeld vereinbart war. Nur ein kleiner Teil des Verdienten wurde allerdings ausbezahlt, der Rest in ein Sparbuch eingetragen, das am Ende der Dienstzeit gegen Quittung ausgehändigt wurde. Der alte Waissnix war ein richtiger Patriarch, ein Familienvater auch für seine Angestellten. Schlankeltage zwischen Ein- und Ausstand, wie im Altbaierischen, an denen man seinem Schatz ein rotseidenes Tüchl kaufen und mit ihr zum Tanzen gehen konnte, gab es nicht. Es herrschten patriarchalisch strenge Sitten. Allenfalls eine Wallfahrt nach Mariazell in den arbeitsarmen Wochen konnte man vereinbaren – der einzige Urlaub, den ein Dienstbote in der Regel hatte. Wie ein strenger, aber gutmütiger Vater brachte der Hausherr den Mitgliedern seiner gesamten „Großfamilie“ von seinen Reisen kleine Mitbringsel als Geschenk: Tabak für die Männer, ein Tüchl für die Frauen. Im Thalhof aßen die „Herrenleute“ zusammen mit den Mägden, Knechten und dem Hotelpersonal. Im Jahr 1867 arbeiteten neun Dienstboten im Bauernhof, 11 im Hotel, in späteren Jahren wurden es mehr. An Feiertagen war die eher üppige Speisenfolge offenbar über Jahre hin festgeschrieben. Ansonsten war die Menge des täglichen Essens und des zuweilen gereichten Weines vom Arbeitsanfall abhängig: In der Erntezeit etwa gab es für die Mägde und Knechte mehr als in den Wintermonaten.

Für uns ist es heute kaum mehr vorstellbar, dass das Personal damals an seinem Arbeitsplatz schlief. Der Melker im Kuhstall, die Kutscher bei den Pferden, das Personal des Hotels meist in sogenannten Tafelbetten. Das waren Kisten, Truhen, in Menschengröße, in denen das Bettzeug verstaut war; darüber ein Deckel, eine Tafel, die entweder mit Scharnieren befestigt oder einfach darübergelegt war. Zugeklappt diente diese Tafel in der Küche etwa als Tisch, auf dem der Kuchenteig geknetet, das Gemüse geputzt und das Fleisch zugerichtet wurde. Nachts wurde der Deckel, die Tafel, aufgeklappt, die Truhe wurde zum Schlafplatz der Köchin oder ihrer Gehilfin. Gleiches galt auch für die Waschfrau in der Waschküche. Die Kellner hatten es noch ungemütlicher: Sie schliefen in ihren Tafelbetten hinter einem Paravent im Gästetrakt, wo sie den Besuchern auch die ganze Nacht über zu Diensten sein konnten.
Wie immer uns das heute anmutet: Damals gab es viele Dienstboten, die über Jahre und Jahrzehnte ihrem Arbeitsplatz und den Dienstherren die Treue hielten. So mancher von ihnen wurde im Alter bis zum Tode versorgt. Von einem Holzknecht und Holzmeister der Familie Waissnix wird berichtet, er sei mehr als 90 Jahre in ihren Diensten gestanden. Es waren Zeiten der Ruhe und des Gleichmaßes.

Olga Waissnix und Arthur Schnitzler

Im Jahr 1886 trafen sich Olga Waissnix und Arthur Schnitzler im Thalhof wieder und aus ihrer früheren, zufälligen Meraner Bekanntschaft anlässlich einer Kur wurde eine große, vermutlich platonische Liebe. Arthur Schnitzler war damals ein junger Arzt und versuchte sich dilettantisch als Schriftsteller. Olga Waissnix hatte fünf Jahre zuvor Karl Waissnix, den Landwirt und Besitzer des Nobelhotels Thalhof, geheiratet. Da sie sich offenbar nicht so sehr für die praktische Leitung eines Hotels eignete und ganz der Kunst und der Kultur zugetan war, machte sie die Honneurs, unterhielt die Gäste beim nachmittäglichen Kaffee und veranstaltete Soirees und Bälle. Kein Wunder, dass sich da zwischen der Hoteliersgattin und manchen Gästen kleine Flirts und manche Vertraulichkeit abzeichneten. Die gehörten zum Geschäft. Ihr Gatte allerdings beobachtete dies mit Argwohn und Misstrauen. Er war in der Landwirtschaft groß geworden, hatte sich mit dem Hotelbetrieb großbürgerliche Attitüden angeeignet, war aber im Grund seines Herzens weiter den ländlich-bäuerlichen Sitten und Gepflogenheiten verhaftet und neigte wohl sehr zur Eifersucht. Der erste, der dies zu spüren bekam und von dem wir wissen, war Peter Altenberg, der Frau Olga sehr verehrte und deswegen Hausverbot erhielt: Charles, wie ihr Ehemann Karl allgemein genannt wurde, drohte, ihn zu erschießen. Zum Abschied habe sie ihm erlaubt, ihr einen Handkuss zu geben. Den heftigen Flirt und die keimende Liebe zwischen seiner Frau Olga und dem jungen Arthur Schnitzler sah und verfolgte er mit wachsendem Argwohn und steigendem Grimm. Es gab wohl große und lautstarke Auseinandersetzungen zwischen den Eheleuten, welche die beiden bewogen, ihre platonischen Liebe mit äußerster Vorsicht zu leben. Dass sie platonisch war, können wir wohl auch daraus schließen, dass der junge Arzt Schnitzler weder in Payerbach-Reichenau noch in Wien etwas anbrennen ließ. Immer wieder lesen wir von diversen Liebschaften, die er mit Eifer und Leidenschaft verfolgt hat. Es heißt, dass er in Reichenau sogar das Radfahren gelernt habe, um schneller von einem Rendezvous zum anderen zu kommen. Wie sehr diese Liebe zu Olga Waissnix auch eine Frucht spätpubertären Emotionshaushalts war, zeigen Auszüge aus seinen autobiographischen Aufzeichnungen *Jugend in Wien* (1968), wonach den den beiden eines Tages der Einfall gekommen war, Schach zu spielen: „Und wenn beim Rücken der Figuren die Finger der beiden Spieler flüchtig sich berührten, konnte das überhaupt irgendwem auffällig vorkommen? Und wenn dann ein Zittern durch unsere Glieder lief …, war das durch die Erregung des Spiels nicht ausreichend erklärt?“ Vor allem in Form von Briefwechseln hielt diese Liebe, mittlerweile wohl zu einer Seelenverwandtschaft und innigen Freundschaft geronnen, bis Olga Waissnix mit 35 Jahren (1897) starb. Es sei hier der Vollständigkeit halber vermerkt, dass eine ihrer Enkelinnen, ebenfalls Olga genannt, während des Nationalsozialismus als sogenannte Halbjüdin verhaftet, eingesperrt und im April 1945 von jugendlichen Mitgliedern des Volkssturms zusammen mit ihrer Schwester Elisabeth und anderen Frauen im Keller des Kaiserhofs in der Prein erschossen wurde.

Was der Scheiterplatz mit der Zithermusik zu tun hat

Spaziert man hinter dem Talhof noch ein bisschen weiter, treten die Berghänge immer näher zusammen. Deswegen nennt man es da die „Eng“. Ein Stück weit die Eng hinauf kommt man zum Scheiterplatz. Der will erklärt werden, wir holen dazu etwas weiter aus: Bis das Eisen um die Wende zum 20. Jahrhundert seinen Siegeszug angetreten hat, konnte man die Phase davor mit Fug und Recht das „Holzzeitalter“ nennen. Holz war das Material schlechthin, mit dem damals die Menschen ihr Leben gestalteten. Holz wurde nicht nur in den Wäldern der Ebenen und Hügel gefällt, es kam auch und im alpinen Bereich häufig aus den Bergwäldern und wurde von den Holzknechten zu Tal und zur Weiterverarbeitung gebracht. Das hört sich leicht an, war aber eine schwere und gefährliche Arbeit.

Hinter dem Thalhof, in der Eng, war auch eine kleine Siedlung von Holzknechten und ihren Familien, die rund um den Scheiterplatz gruppiert war und seit 1874 zum Thalhof beziehungsweise zum Unternehmensimperium der Waissnix gehörte. Am Scheiterplatz endete die Holzriese, auf der die im Hochwald gefällten Stämme zu Tal transportiert wurden. Doch ganz der Reihe nach.

Graf Hoyos war der größte Waldbesitzer der Region. Mit ihm bzw. seinem Bevollmächtigten musste man verhandeln, wenn man Holz kaufen wollte. Diese Verhandlungen waren nicht einfach, denn das Holz wurde auf dem Stock gekauft. Das heißt, es wurden die gewachsenen Bäume eines Waldstücks erworben; der Wald- oder Holzmeister schätzte, wie viele Klafter Holz diese Bäume hergaben und über diese Mengen Holz wurde dann um den Preis verhandelt. Leicht vorstellbar, dass man für das Schätzen der Holzmengen eine Menge an Erfahrung mitbringen musste, über die der Holzmeister verfügte und mit ihr dem Holzhändler zur Seite sprang. Er war zugleich Chef der übrigen Holzknechte. Ein Klafter ist als Maß beim Holzhandel auch heute noch gebräuchlich, er umfasst etwa 3 Ster (Kubikmeter) Holz. Als Längenmaß entspricht dem Klafter also ein Holzstück von einem Meter Länge. War das Holz auf dem Stock gekauft, begannen die Holzknechte oft in steiler Hanglage mit dem Fällen und Zurichten der Stämme. Sie wurden entastet, von Rinde befreit und auf einem Lagerplatz aufgestapelt. Das erforderte viel kräftezehrende Handarbeit und die Hilfe von Pferden und Schleifschlitten. Im Winter dann, wenn strenger Frost herrschte, wurden die Stämme zu

Tal gebracht. Dazu baute man aus Stämmen eine Holzriese, eine Rutschbahn aus Holz, die man vereiste, um sie gleitfähiger zu machen. Auf ihnen wurde das Holz zu Tal auf den Scheiterplatz geschickt. Um die Sicherheit der Holzknechte an der Riese zu gewährleisten, gab es eine ganze Anzahl von unmissverständlichen Rufen, die von den weiter oben arbeitenden durch Gegenrufe quittiert werden mussten. Erst dann wurde eine ganze Partie von Stämmen in die Riese gelegt. Das Holz, das oft über 1 000 Meter bergab in hoher Geschwindigkeit rutschte, konnte man nicht als Bauholz brauchen, denn es wies meistens Beschädigungen auf. Es wurde deshalb zu Brennholz verarbeitet und in Wien zum Verkauf angeboten. In Reichenau legte man auch Stämme zur Verarbeitung zu Holzkohle zurecht, die in den Eisenwerken in Hirschwang und Edlach gefragt waren. Im Jahr 1956 wurde die Holzriese zum Scheiterplatz hinter dem Thalhof zum letzten Mal benützt. Die Motorsäge und die Waldvollerntemaschine, Forststraßen und LKWs oder Seilbahnen machten Holzknechte und Riesen überflüssig. Heute wird die Waldarbeit von Facharbeitern erledigt.

Jetzt kommen wir aber zum zweiten Teil unserer Geschichte. Der letzte Holzmeister des Scheiterplatzes war Hans Lanner. Mit Familiennamen hieß er zwar anders, aber im alpenländischen Raum war der sogenannte Hausname, manchmal auch Vulgoname genannt, oft wichtiger als sein richtiger. Er war übrigens nicht verwandt mit Joseph Lanner, der neben Johann Strauß zum Walzerkönig von Wien wurde. Dieser Hans Lanner war ein Virtuose auf der Zither und hat einen Gutteil dazu beigetragen, dass dieses Instrument für viele der Inbegriff der Volksmusik wurde. Auch um das zu erzählen, muss man ein bisschen ausholen:

In der ersten Hälfte des 19. Jahrhunderts, als der politische Nationalismus in Deutschland und der Habsburgermonarchie eine immer größere Rolle zu spielen begann und sich auch der Kultur bemächtigte, wurde alles, was man für die zukünftige Nationenbildung brauchen konnte, von der Politik gefördert. Die Volkstrachten entstanden, Heimatvereine schossen aus dem Boden, die Volksmusik erlebte eine Blüte. Ob das Zitherspiel seine erste große Hochphase erlebt hat, und das in Wien oder München, sei dahingestellt. Jedenfalls veranstaltete der Wiener Zithervirtuose Johann Petzmayer in den Jahren 1836/37 seine zweite Deutschlandtournee. Einer seiner Zuhörer in München war Herzog Max in Bayern, der Vater der späteren österreichischen Kaiserin. Er war begeistert und verpflichtete Petzmayer zu seinem privaten Zitherlehrer. Im folgenden Jahr 1838 begleitete Petzmayer seinen Schüler auf einer Orientreise. Es wird die Anekdote berichtet, dass beide in Ägypten auf eine Pyramide geklettert seien und auf ihrer Spitze Zither gespielt hätten. Jedenfalls wurde Petzmayer im selben Jahr vom Herzog zum Kammervirtuosen ernannt. Den leutseligen Herzog selbst nannte man in Bayern den „Zither-Maxl", denn er spielte oft in den Wirtshäusern rund um den Starnberger See. Beide haben nicht unwesentlich dazu beigetragen, dass sich die Zither zu einem bürgerlichen Saloninstrument entwickelte. Daran allerdings war auch der oben genannte Hans Lanner beteiligt.

Erzherzog Karl, der spätere letzte habsburgische Kaiser, verlebte lange Zeit seiner Jugend in Wartholz und lernte dabei den Zithervirtuosen Lanner kennen, der bei späteren Aufenthalten und bei der Hochzeit des Erzherzogs aufspielen durfte. Auch in der Folgezeit musizierte Lanner in Reichenau, in Wien und vielen anderen Orten vor dem Kaiserpaar und seinen Gästen. 1912 ernannte Karl ihn zum „Kammerzitherspieler". Selbst als der Kaiser und seine Gemahlin Zita im Schweizer Exil waren, wurde Lanner 1920 eingeladen.

Nach dem Ersten Weltkrieg erteilte Lanner sehr vielen Reichenauer Kindern Unterricht im Zitherspiel, die dazu immer in die Holzknechtsiedlung am Scheiterplatz kommen mussten.
Die Musikschule von Reichenau trägt heute noch seinen Namen. Er ist der andere Zithervirtuose, der mit seiner Verbindung zu einem hochadeligen Haus wesentlich zur Verbreitung der Zither als bedeutendes Volksmusikinstrument in Bayern und Österreich beigetragen hat.

Weiterführende Informationen

Sisi-Schloss Rudolfsvilla
Thalhofstraße 6, 2651 Reichenau an der Rax
+43 664 211 8917
www.sisi-schloss.at

Kulturschloss Reichenau
Schlossplatz 9, 2651 Reichenau an der Rax
+43 2666 52865
www.reichenau.at
Im Schloss kann man auch die sehenswerte Dauerausstellung „Kulturerbe Reichenau" über den Weg des Tales vom Industriestandort bis zur Sommerfrische besuchen, die Räumlichkeiten aber auch für eine Hochzeit oder eine andere Veranstaltung buchen.

Festspiele Reichenau
Theater Reichenau GmbH
Hauptstraße 28, 2651 Reichenau an der Rax
+43 2666 52528
www.festspiele-reichenau.at; office@theaterreichenau.at
Die Aufführungen der Reichenauer Sommerfestspiele sind weit über die Grenzen hinaus bekannt. Karten sollte man frühzeitig reservieren.

Prein an der Rax

„Das Wirtshaus ist alt, mit dicken Mauern, tiefen Kellern … in der weiträumigen, sauberen Küche roch es nach gutem Essen, das Bier war so frisch wie die Salzstangeln, der Wein bewies den Wirtsverstand, der Kaffee duftete morgens und nachmittags human durchs Haus und insbesondere durch die große Glasveranda."

Heimito von Doderer über den Gasthof Oberer Eggl
in seiner *Strudlhofstiege* (1951)

Riegelhof 1903
Prein 23

Eine bedeutsame Pilgerregion

Das Preiner Gscheid ist ein etwa 1 000 Meter hoher Pass am Übergang von Niederösterreich in die Steiermark zwischen dem Semmering und der Rax. Er wurde und wird gern von den niederösterreichischen Wallfahrern auf ihrer Pilgerfahrt nach Maria Zell genutzt. Seit dem 17. Jahrhundert war Maria Zell, gefördert durch das Kaiserhaus, der bedeutendste Wallfahrtsort der Habsburger und wird auch heute noch jedes Jahr von sehr vielen Pilgern aus allen Teilen der ehemaligen Monarchie besucht. Aus dem Höllental kommend geht der Weg kurz vor Reichenau rechts ab, die Prein entlang aufwärts. An ihr liegen zwei Orte, über die es sich aus verschiedenen Gründen zu erzählen lohnt.

Edlach – wie aus einem Hochofen ein Hotel wurde

Im Gegensatz zu den anderen Dörfern und Gemeinden des Rax-Semmering-Gebietes hatte Edlach keinen bäuerlichen Charakter, sondern war seit langer Zeit schon ein Zentrum zumindest des lokalen Bergbaus. Im Jahr 1780 bereits erwarb die Innerberger Hauptgewerkschaft die Herrschaft Reichenau von den Zisterziensern aus Neuberg und erweiterte das Werk um einen Hochofen und eine Gusshütte. Das Erz, das man hier zu Gusseisen schmolz, wurde in der Gegend, in vielen kleinen Stollen und Bergwerken, abgebaut, was im 19. Jahrhundert dazu führte, dass sich Abbau und Erzschmelze nicht mehr rentierten und aufgegeben werden mussten. Wer sich dafür interessiert, kann das Schaubergwerk Grillenberg in Payerbach besuchen, in dem man nicht nur Informationen über die frühere Eisengewinnung erhält, sondern auch vielerlei über die hier vorkommenden seltenen Tierarten wie Fledermäuse, Höhlenheuschrecken und Feuersalamander erfährt.

Fotos:
vorangehende Doppelseite: Eindrücke aus dem Riegelhof, einst wichtige Inspirationsquelle für Heimito von Doderer.
Doppelseite 88/89: Der Riegelhof war Landsitz der Familie Doderer. Das Haus wurde 1903 errichtet und lädt mittlerweile auch zu Workshops, Geburtstagsfeiern und Hochzeiten.
Seite 87: Pfarrkirche St. Paul.

Der soeben genannte Begriff „Hauptgewerkschaft" hat übrigens nichts, wie man nach heutigem Verständnis meinen möchte, mit Arbeiterzusammenschlüssen zu tun. Im Gegenteil: Es handelte sich um einen Zusammenschluss eisenverarbeitender Unternehmen rund um den steierischen Erzberg, die sich im Laufe des 19. Jahrhunderts aus ihren Reichenauer Geschäften zurückzogen. In den 1870er Jahren kaufte die Familie Waissnix das – mittlerweile Schloss genannte – Verwaltungsgebäude der Hauptgewerkschaft, den Kasten und andere Häuser rund um den Schlossplatz. 1891, also noch vor der Jahrhundertwende, wurde das Eisen- und Gussstahlwerk Edlach stillgelegt und verkauft. Die Beschäftigten mussten sich anderswo eine neue Arbeit suchen; die Einwohnerzahl von Edlach halbierte sich, die Arbeitersiedlung verwaiste.

Aufgekauft wurde das stillgelegte Werk von Leopold Weinmann, einem Unternehmer, der mit einer bahnbrechenden Erfindung zur Zementherstellung sehr reich geworden war, wegen eines Herzleidens aber verkaufte und sich in Edlach niederließ. Weinmann hatte eine verblüffende und für die damalige Zeit fast revolutionäre Idee: Er ließ die Außenmauern des Eisenwerkes stehen, entkernte das Innere und baute das Ganze bis 1895 zu einem luxuriösen Hotelkomplex um. Im ehemaligen Verwaltungsgebäude wurden die Zimmer für die Gäste untergebracht; Hochofen und Gusswerk beherbergten fortan Restaurant und

Kaffeehaus, die Küche, die Vorratskammern und alle anderen notwendigen Räume. Im Gusswerk brachten geschickte Architekten die Speisesäle, Säle für die Unterhaltung der Gäste, etwa einen Damensalon, ein Lesezimmer und ein Musikzimmer unter. Im Magazin gleich nebenan fanden sich Cafésalon und ein Billardzimmer. Auf einem gedeckten Freiplatz konnten die illustren Gäste bei schönem Wetter speisen. Das Hotel wurde zur Attraktion des sensationslüsternen Wien. Gustav Mahler und Bruno Walter waren hier neben vielen anderen Prominenten zu Gast. Auch Theodor Herzl – der österreichisch-ungarische Schriftsteller und Journalist, der nach vielen persönlichen Irrungen und Wirrungen unter dem Einfluss der französischen Dreyfuß-Affäre das Buch *Der Judenstaat* schrieb und als Hauptbegründer des politischen Zionismus gilt – wohnte im Edlacher Hof und ließ sein Herzleiden in der benachbarten Kuranstalt Edlach behandeln, die im Jahr 1900 eröffnet worden ist. Sie gehörte dem für seine Wasserheilverfahren und modernen maschinellen und elektrotherapeutischen Anwendungen berühmten Arzt Albert Konried, der so bekannte Kurgäste wie Martin Buber, Hermann Bahr oder Sigmund Freud begrüßen durfte.
Theodor Herzl starb 1904 im Alter von 44 Jahren in Edlach, wo ihm in den 1950er Jahren ein Gedenkstein gesetzt wurde. Die Edlacher Kuranstalt und der Edlacher Hof wurden 1970/71 zugunsten einer Wohnsiedlung abgetragen.

„… und an diesem ungeheuren, aus der Tiefe eines ganzen Millionenvolkes stoßhaft aufstürmenden Schmerz konnte ich zum ersten Mal ermessen, wieviel Leidenschaft und Hoffnung dieser einzelne und einsame Mensch durch die Gewalt seines Gedankens in die Welt geworfen …“

Stefan Zweig über die Wirkung Theodor Herzls
in *Die Welt von gestern* (1942)

Anfang des 18. Jahrhunderts, als die kaiserliche Erlaubnis erteilt war, im Reichenauer Tal Eisen zu schmelzen und zu verarbeiten, wurde ein Flossofen errichtet, der die damals bedeutenden Vorzüge hatte, dauernd in Betrieb sein zu können und nicht für jede Befüllung extra befeuert werden zu müssen. Er wurde konserviert und ist als Denkmal an die industrielle Vergangenheit Edlachs zu besichtigen.

Das einst seine Besucher so magnetisch anziehende Schwimmbad mit Strand gibt es immer noch. Es liegt sehr zentral, ist mit öffentlichen Verkehrsmitteln leicht zu erreichen und wird heute von den Einwohnern Edlachs als Genossenschaft betrieben.

Preiner Koexistenzen

Es muss 2011 gewesen sein, als der Professor Stelzle und meine Wenigkeit das erste Mal dorthin gereist sind. Damals kamen wir mit der vagen Idee einer nachhaltigen Gruppen-Kultur-Reise und wollten die Gegend erkunden. Was hatten wir schon alles gelesen über die Zeiten der Habsburger Sommerfrische und die vielen Kaffeehausliteraten, die im Sommer dem stinkenden Wien den Rücken gekehrt, sich geflüchtet und wohlgefühlt haben „da draußen, in jener sonnigen, halbbäuerlichen und zugleich gepflegten Welt kleiner Sommerfrischen“, wie Heimito von Doderer es in seinem Roman *Strudlhofstiege* so schön beschreibt! Wir wollten uns alles vor Ort anschauen. Die schönen Sommervillen, die Kurpavillons in blumigen Kurparks mit bestimmt tollen Veranstaltungen und Sommerkonzerten. Ich dachte an das reiche Reichenauer Theaterprogramm, die Literaturliebhaberei im Thalhof oder an den Semmering mit seinen riesigen Palast-Hotels. Solche Gedanken hatte ich im Kopf, als wir anreisten.

Aber wir kamen von der falschen Seite, nämlich von Maria Zell. Damals wussten wir noch nichts davon, wie entspannend es ist, mit dem Zug nach Payerbach zu fahren und anschließend mit dem Bus (Nummer 342) weiter in die Prein, wo man auf der Fahrt gleich die stilvollen Kurpavillons von Payerbach und Reichenau bewundern kann und am Edlacher Bad vorbeikommt. Das stimmt so richtig auf die Gegend ein. Auf einer Autofahrt von Maria Zell in die Prein aber büßt man automatisch seine ganzen Sünden ab, egal ob man vorher in der berühmten Wallfahrtskirche gebeichtet hat oder nicht. In die Prein führt von dort aus nämlich eine an Kurven reiche Waldstraße, die den Namen Landstraße nicht verdient. Wir fuhren eine halbe Ewigkeit, ihren verschlungenen Windungen folgend, durch Wald, Wald und noch einmal Wald. Mir war schlecht und ich hatte Angst, wir würden niemals auch nur irgendwo ankommen. Komisch war außerdem, dass uns kein anderes Auto entgegenkam.

Vielleicht hatten wir uns verfahren, dachte ich. Der liebe Herr Professor Stelzle behauptet ja, er findet überall hin – ohne das bereits unverzichtbare Navi. Aber bei dieser Fahrt bekam ich echte Zweifel. Die Kurvenwaldstraße nahm kein Ende. Womöglich waren wir mittlerweile schon in Kanada und müssten jetzt tagelang so dahinfahren, ohne je einen Menschen zu Gesicht zu bekommen. Sollten wir aber erfreulicherweise doch nicht in Kanada sein, würde ich dem örtlichen Tourismusverband vorschlagen, die Gegend zumindest „Klein-Kanada" zu nennen. Solche Gedanken gingen mir durch den Kopf. Und außerdem war mir von den vielen Kurven so furchtbar schlecht geworden, dass es nicht mehr ging! Der Professor musste scharf rechts an den Waldrand fahren und ich habe mich so würdevoll, wie ich nur konnte, in den Straßengraben übergeben. Als nach einigen Kurven endlich das Ortsschild auftauchte, war mir „flau-magig" und feierlich zumute.

Unbemerkt fuhren wir an der Zufahrt zum Riegelhof vorbei und am Doderer-Denkmal, einem sogenannten Schichtrelief aus dem Jahr 1983 – von wegen Betonscheiben, wie der Stelzle meint. Aber man merkt schon an der Beschreibung: Den Stil muss man mögen. Nicht weit davon steht der älteste Gasthof von der Prein, der Obere Eggl, wo wir stehenblieben – er hatte geschlossen. An der Wand hängt ein großes Schild und erinnert an Heimito von Doderer, der hier offensichtlich gern gesehener Gast war. In der *Strudlhofstiege* kommt der Obere Eggl auch tatsächlich zu literarischen Ehren: „Das Wirtshaus ist alt, mit dicken Mauern, tiefen Kellern … in der weiträumigen, sauberen Küche roch es nach gutem Essen, das Bier war so frisch wie die Salzstangeln, der Wein bewies den Wirtsverstand, der Kaffee duftete morgens und nachmittags human durchs Haus und insbesondere durch die große Glasveranda." Nach Kaffee war mir noch nicht zumute, aber einen Kamillentee hätte ich gern getrunken. Nur, wie bereits festgestellt: Das Wirtshaus war geschlossen. Überhaupt hatten wir bisher noch keinen einzigen Menschen in der Prein gesichtet.

Wir fuhren weiter die Straße hinunter zum Kaiserhof, der von uns für eine mögliche Übernachtung in Betracht gezogen worden war. Abenteuerlich, wie wir sind, hatten wir vorher nichts gebucht, sondern wollten alles ungeplant auf uns zukommen lassen und spontan entscheiden. Der Kaiserhof präsentierte sich prächtig, mitten in einer Kurve, in schönem Habsburg-Gelb, aber er hatte ebenfalls geschlossen. Nun standen wir da vor dem Hotel, mitten in der Prein, waren müde, mir war leicht übel und wir sahen noch immer – niemanden. Waren wir in einem alpinen Geisterdorf gelandet? Ich konnte es nicht glauben, suchte den Hintereingang, doch auch der war geschlossen. Es blieb uns nichts anderes übrig, als noch ein Stück weiterzufahren. Und was wir nach ein paar Metern zu Gesicht bekamen, war ebenfalls nicht zu glauben: Im Gastgarten des Raxalpenhofes saßen ziemlich viele Leute, der Parkplatz war voll, vor dem Haus wehten internationale Fahnen und ein Stück weiter hinten war eine Bade- und Wellnessanlage zu sehen! Wir buchten sofort ein Zimmer, nach ein wenig Erholung genossen wir ein wirklich ausgezeichnetes Abendessen – und ich war versöhnt mit der Prein.

Die Welt des Heimito von Doderer

Ein Stück oberhalb von Edlach hält der Postbus am Raxalpenhof, der seine Gäste mit allem Komfort verwöhnt. Spaziert man von hier nur wenige Meter bergauf, trifft man zunächst auf den Kaiserhof. Er wurde 1880 errichtet und hatte neben dem Kaiser auch einige dem Hofe nahestehende Persönlichkeiten zu Gast. Heute ist er die Dependance des Raxalpenhofes. Schräg gegenüber, in der Kurve der Straße, liegt das ehemalige Postamt. Hier war zweimal täglich der Treffpunkt des Ortes, immer wenn die Post ausgeliefert oder abgeholt wurde. Auch René von Stangeler, das Alter Ego Heimito von Doderers, war davon betroffen, denn Briefe zu schreiben war zu dieser Zeit das Mittel der Kommunikation, wie wir auch der *Strudlhofstiege* entnehmen können: „Wenige Tage später begann auch ihn zweimal täglich die Post-Charybdis in Ein-Zügen und Aus-Stößen, die regelmäßig wechselten, wie die Gezeiten des Meeres, zu schlucken und wieder auszuspeien …"

Dann geht es einige hundert Meter bergauf, dem Pass zu. Auf der rechten Seite liegt der Gasthof Oberer Eggl. Bereits im 16. Jahrhundert als Neuberger Hof bekannt, lebte er gut von den vielen Menschen, die dem Stift Neuberg, später dem Wallfahrtsort Maria Zell zustrebten. Doderer, dem im Eingangsbereich eine Gedenktafel gewidmet wurde, war dem Oberen Eggl zugetan, wie in der *Strudlhofstiege* einige Male zu lesen ist.

„Und die Zimmer waren nicht unbehaglich: nieder, geräumig, mit tiefen, schweren Betten und Tuchenten, sauber und vom Geruch des alten Hauses durchdrungen. Patina, die in der Luft lag, sozusagen. Mit den Leuchtern auf den Nacht-Tischen hätte man wohl einen starken Mann erschlagen können. In allen Zimmern, die gegen den Garten standen, hörte man das Wasser rauschen."

Heimito von Doderer über den Gasthof Oberer Eggl
in seiner *Strudlhofstiege* (1951)

Die Stangelers sind eigentlich die Doderers. Der Vater, Wilhelm Ritter von Doderer, ist als Ingenieur nicht nur durch den Bau von Tauernbahn und Karawankenbahn reich geworden, hat in Prein den alten Riegelhof erworben und ließ ihn zu einem Sommersitz für seine Familie ausbauen. Der berühmte Roman des Sohnes Heimito trägt autobiographische Züge und spielt in wesentlichen Teilen in und um dieses Landhaus.

Wenn man zur Rechten auf das bereits erwähnte Betonscheiben-Denkmal des Dichters trifft, ist man schon etwa 100 Meter zu weit gegangen. Vorher zweigt bereits links ein geschotterter Weg ab, der hinauf zum (mit „e" geschriebenen) Riegelhof führt. Das Landhaus wird heute als Ferienhaus für 10 Personen vermietet. Mit viel Glück und rechtzeitiger Anfrage kann man das unverändert erhaltene Zimmer des Schriftstellers im Obergeschoss besichtigen. An der Wand hängen noch immer Pfeil und Bogen, im Schrank ist neben seinen Pfeifen alter, verkrümelter Tabak zu finden. An dem kleinen Schreibtisch vor dem Fenster hat Heimito von Doderer an bedeutenden Werken geschrieben. Er hat große Teile seines Lebens in Wien oder in Landshut/Bayern verbracht, freute sich aber immer, wenn er für die Sommerfrische sein altes Zimmer im Elternhaus beziehen konnte, das mittlerweile seiner Schwester gehörte und das ihn so sehr mit seiner

Kindheit und Jugend verband. Wo immer man sich im Haus oder auf dem riesigen Grundstück umschaut – stets wird man auf Parallelen in seinem Roman stoßen.

Wieder zurück kann man in der Dorfmitte rund um den Raxalpenhof einige schöne ländliche Villen entdecken. Prein war eine bevorzugte Sommerfrische von Musikern und Sängern. Gegenüber Reichenau hatte sie einige nicht zu unterschätzende Vorzüge: Der kleine Ort war nicht überlaufen und schon gar kein Abglanz der Großstadt, er hatte seinen ländlichen Charakter bewahrt und war bei Abgaben und Lebenshaltung deutlich kostengünstiger als Reichenau. Wenn man aber zuweilen die vor allem kulturellen Vorzüge von Reichenau genießen wollte – sie waren mit dem Fiaker oder dem Postomnibus schnell zu erreichen, also nicht aus der Welt.

Die Hausnummern Preinrotte 27 und 41 waren die Sommersitze der beiden aufeinander folgenden, obersten Beamten der Monarchie, der Säckelwarte der Habsburger. Der Säckelwart verwaltete das Familienvermögen der kaiserlichen Familie und hatte die Aufgabe, den einzelnen Familienmitgliedern die Apanage und sonstige vom Kaiser gewährte Vergünstigungen auszuzahlen. Kein Wunder, wenn sich in diesen Villen die Mitglieder der kaiserlichen Familie öfters die Klinke in die Hand gaben.

„Der Platz vor der hochgelegenen kleinen Kirche, durch ein Geländer begrenzt gegen den steilen, stiegendurchkletterten Abbruch hinab zu Tal und Straße, war fast leer, und nur am Rande, wo man sich anlehnen konnte, gruppenweis belümmelt von jenen, die Sitte und Gewohnheit am Sonntagmorgen von ihrem Gehöft in den Bergen noch bis hierher brachte, an der Kirchentür aber erlahmend und über diese Schwelle nicht mehr hebend; so warteten sie denn heraußen das Ende der Messe ab, um sich der Geselligkeit ihrer dörflichen Stammesgenossen auf dem Weg zum Wirtshaus anzuschließen. Derweil hielt man die lange Pfeife im Zug."

Heimito von Doderer in seiner *Strudlhofstiege* (1951) darüber, wie sich in der Prein die sozialen Unterschiede zwischen Stadt und Land verwischten und doch deutlich zutage traten.

Die moderne Zeit hielt auch bei abendlichen Festivitäten Einzug im Dorf, wie man am Beispiel des Oberen Eggl sehen konnte: „In der Melzern schräg gegenüber liegenden Ecke befand sich die geräumige und hohe Musik-Estrade, auf welcher aber diesmal keine ländliche Kapelle mit Blechinstrumenten etabliert war, sondern ein zwölfköpfiges Tanzorchester mit allem, was dazu gehörte. Man hatte es offenbar für diesen Abend kommen lassen. Schon wurde die weite Bodenfläche beschritten, beschliffen, bewiegt."

Das intensive Verbandelt-Sein Heimito von Doderers mit der Prein ist heute auf den ersten Blick gar nicht mehr ersichtlich. Man muss schon genauer hinschauen, sich umhören und auf die Suche machen. Und das ist genau das, was wir gerne machen: die versteckten Geschichten eines Ortes entdecken. Heimito von Doderer schreibt von der Koexistenz verschiedener Zeiten, die vielleicht auch die besondere Aura eines Ortes erst ausmacht. Wir machen uns also auf die Suche, versuchen die Decke der Zeit ein wenig zu lüften und ein paar Schichten freizulegen. Erst einmal wollen wir ein paar weitere „Lesezeichen" aus der *Strudlhofstiege* suchen. Eines haben wir ja schon gefunden, den Oberen Eggl – und die Dorfstraße, auf der anscheinend auch zu Doderers Zeiten keine Menschen zu sehen waren. Übrigens hat der Leutnant Melzer aus der *Strudlhofstiege* anscheinend auch im heutigen Raxalpenhof gewohnt, der damals Hotel Eggl hieß. Auf Seite 527 des über 900 Seiten schweren Schinkens beschreibt er das Zimmer als „groß, kühl, komfortabel" und „vom Schein des dichten Grüns vor den Fenstern ganz durchflossen, fast in einer Art von Unterwasserlicht stehend". Ist das nicht schön?! Wenn man so etwas gelesen hat, dann erstrahlt die ganze Prein in einem anderen Licht. Wir sitzen im Garten, trinken einen Kaffee und lesen in der *Strudlhofstiege* zufällig, dass in diesem Wirtsgarten Doderers Romanheld Melzer auch einen Kaffee getrunken hat: „Im Garten war es sauber und laubschattig, der Schritt des alten Kellners beflißt sich auf dem Kies, und draußen, um eine scharfe Kurve der Dorfstraße, die unsichtbar blieb, durch den hohen lebenden Zaun von Gebüschen, kam in Pausen, wie ein jedesmaliger stoßweiser Atem oder rauschender Gruß, jetzt schon häufiger das Gebraus von Automobilen und Motorrädern vorbei, die von der Stadt herausgefahren waren und nun auf die Höhe des Passes eilten."

Immer wieder die Dorfstraße! Endlich fit und gestärkt, gehen wir am nächsten Tag die (noch immer) leere Straße vom Raxalpenhof weg noch einmal hinauf, vorbei am Kaiserhof bis zur Post, denn genau diese Strecke hat Doderer seinen Leutnant Melzer in der *Strudlhofstiege* spazieren lassen: „Er ging langsam die Straße hinauf. Bei der Post stand Asta in der Sonne."

Asta ist in Wirklichkeit die Schwester Doderers. Außerhalb des Romans heißt sie Astri und hat bis zu ihrem Tod 1989 am Riegelhof gewohnt. Die Senior-Chefin des Hauses Raxalpenhof kannte Heimito von Doderers Schwester tatsächlich noch höchstpersönlich. Eine Zeit lang war sie sogar deren Chauffeurin und hat die damals schon alte Dame regelmäßig zum Doderer-Stammtisch nach Wien gefahren. So reicht die Vergangenheit doch noch in die Gegenwart hinein …

Vom geliebten Schwimmbad Doderers ist allerdings nicht mehr viel übrig, das heute noch ins Auge fallen könnte. In einem seiner Tagebücher notiert er: „Vormittags war ich im Schwimmbad gewesen, dort hatte es auch Frauen gegeben und Kabinen mit Astlöchern …“ Diese Astlöcher müssen Doderer unheimlich beschäftigt haben. Er hatte entdeckt, dass man beim Durchschauen beispielsweise so manches weibliche Wesen ganz unbemerkt beim Umziehen beobachten kann. In seinem Roman *Ein Mord den jeder begeht* (1938) beschreibt er recht eindrücklich die Gefühle eines jungen Mannes, der durch ein solches Astloch schaut und inspiziert, wie sich seine Tante in der Kabine umzieht – dieser sah, wie die „Tante den Riegel vorlegte und sodann unverzüglich ihr leichtes Sommerkleid über den Kopf abzog“ und sich dann noch „Schuhe und Strümpfe“ entledigte. Der junge Mann „zitterte in wilden Schwingungen“. Ob der Autor bei derartigen Beschreibungen auf eigene Erfahrungen zurückgegriffen hat, wird wohl auf ewig ein Geheimnis bleiben. Das Schwimmbad schweigt, die Kabinen mit den Astlöchern stehen schon lange nicht mehr und über das Bassin ist längst viel, viel Gras gewachsen. Nur die „Stiege“, die einmal den Einstieg ins Becken erleichtert hat, ragt heute noch mahnend hervor, als würde sie uns erinnern wollen, dass da doch einmal irgendetwas gewesen ist.

Dafür steht das Postamt noch, auf das Heimito von Doderer allen Ernstes *Die Posthymne* (1931) geschrieben hat. Es ist extra vermerkt: „Dem Postamte Prein a. d. Rax gewidmet.“ Und zusätzlich noch – „gewidmet den verlässlichen österreichischen Beamten!“ Das würde heute niemandem mehr einfallen. Der Lobgesang sollte nach der Melodie der Nationalhymne von Haydn langsam und feierlich vorgetragen werden und fängt so an: „Nur die Post kann uns erheben, / Nur die Post ins Leben führt!“ Die Ehrung hat der Post gutgetan. Sie hat sich, rein äußerlich gesehen, gut gehalten und schaut fast noch aus wie anno dazumal.

Früher ist der „Omnibus“ bei der Post abgefahren, heute ist die Haltestelle ein Stück weiter unten und heißt „Ortsmitte.“ Als wir im Jahr 2012 mit unserer ersten Gruppe von 16 Personen an dieser Haltestelle auf einen Bus gewartet haben, war einfach keiner gekommen, obwohl der Plan Gegenteiliges versprochen hätte. Wir haben im gegenüberliegenden Hotel Raxalpenhof bei der Senior-Chefin, Frau Scharfegger, nachgefragt, ob das Haltestellenschild nur zur Zierde dastehe. Sie versicherte uns, dass Busse schon fahren würden, vermutete aber: „Vielleicht macht der Fahrer eine kleine Pause beim Oberen Eggl, weil um diese Zeit sowieso nie jemand mit dem Bus fährt.“ Und sie hatte recht – der Busfahrer war wirklich im Wirtshaus gesessen und hatte gejausnet! Nach dem Anruf der Frau Scharfegger war er aber sofort in den Bus gesprungen und losgefahren. Und als er gesehen hatte, wie viele Leute an der Haltestelle auf ihn warteten, war er vor lauter Staunen und Schauen gleich über den Randstein des Gehsteiges gefahren. Noch nie in seinem Leben waren an dieser Haltestelle so viele Leute gestanden! Das Ereignis ist mittlerweile verjährt und darf hier ohne Auswirkungen für den Busfahrer niedergeschrieben werden. Ob heute allerdings mehr Menschen als damals mit dem Bus unterwegs sind, ist uns nicht bekannt. Gruppentarife für Busfahrten gibt es leider bis heute nicht.

Wir waren damals froh, dass der Bus überhaupt gekommen war und die ganze Gruppe nicht die drei Stunden zu Fuß bis zum Payerbacher Bahnhof gehen musste. Während der Fahrt fühlten wir uns fast wie der Melzer in der *Strudlhofstiege*: „Und schon wischte der schwere Omnibus um die Kehre der Straße und glitt so rasch bergab durch das zusehends sich verbreiternde Tal, daß er zu fallen schien, während in Melzer dies zuletzt Erlebte, Freundliche nachklang und fortbestand …“

Weiterführende Informationen

Schaubergwerk Grillenberg
Ortsplatz 7, 2650 Payerbach
+43 2666 52423-12
www.payerbach.at/schaubergwerk
Das Schaubergwerk ist von Mai bis Oktober gegen Voranmeldung zu besichtigen. Der Eintritt kostet 10 Euro, für Kinder bis 15 Jahre 6 Euro. Stiefel können gegen eine Gebühr von 2 Euro ausgeliehen werden.

Alpenstrandbad Edlach
Dr. Konried Straße 3, 2651 Edlach an der Rax
www.alpenstrandland-edlach.at
Wer in den Genuss dieses fast 100 Jahre alten Jugendstilbades kommen will, muss eine Schnuppermitgliedschaft (gültig für drei Tage) mit einmaligem Eintritt für 9 Euro (Kinder günstiger) erwerben: Adria-Gefühl mitten in den Alpen – der Besuch lohnt sich!

Riegelhof
Prein 23, 2654 Prein an der Rax
+43 676 7703600
www.riegelhof.com

Raxalpenhof
Preinrotte 9, 2651 Reichenau an der Rax
+43 2665 526
www.raxalpenhof.com

Alpengasthof Oberer Eggl
Griesleiten 6, 2654 Prein an der Rax
+43 2665 206
www.oberer-eggl.at

Rax

„Montag früh bin ich mit Schwager Heinrich auf die Rax wie in alten Zeiten. 3 ½ Stunden hinauf, 2 ½ zurück. Allein, die Rax ist höher geworden, seit ich sie zuletzt bestiegen, mindestens 500 Meter. Mein Herz hat es vortrefflich ertragen, aber ich konnte einen Tag darauf nichts essen …“

Sigmund Freud, gern gesehener Gast in der Region zur Jahrhundertwende, in einem Schreiben an einen Freund

86
87

RAX
2 Stunden von Wien
HÖHENLUFT UND HÖHENSONNE
2 Stunden von Wien
Die Raxbahn verkehrt von Sonnenaufgang bis Sonnenuntergang im Anschluß an alle fahrplanmäßigen aus Wien in Payerbach-Reichenau ankommenden Südbahnzüge
Abfahrtszeiten Wien-Südbahnhof:
Ständiger Autobus-Pendelverkehr zwischen der Bahnstation Payerbach und der Talstation
TARIF:

1

Hausberg der Wiener

Die Rax, dieser mächtige Gebirgsstock mit dem gewaltigen Kalkplateau, steht wie eine Mauer als Abschluss des Tales hinter Payerbach und Reichenau. Fährt man von Gloggnitz aus die Schwarza aufwärts, zieht dieser stumpfe Bergkegel den Blick auf sich und scheint über das Tal zu wachen. Seit der Wende vom 19. zum 20. Jahrhundert, als das Interesse an der Natur, den Bergen und dem Sport immer mehr Einwohner Wiens erreichte, wurde die Rax schnell zum beliebten Ausflugsberg der Großstädter. Aber schon vorher kamen Naturforscher, um die Gebirgswelt am Ausgang der Alpen zu erkunden. Im Jahr 1893 wurde das Ottohaus auf dem Raxplateau errichtet, um der wachsenden Bergsteiger- und Wandererschar Unterkunft und Verpflegung bieten zu können. Immer neue Wege und Klettersteige wurden erkundet und eröffnet. Um diese sehr unterschiedlich schweren Touren und Steige in den Griff zu bekommen, erschien im Jahr 1894 ein Raxführer: Mit ihm wurde zum ersten Mal versucht, die Anstiege auf das Gipfelplateau in Schwierigkeitsgrade einzuteilen, um Bergsteigern einen Eindruck zu geben, welche konditionellen und technischen Voraussetzungen jeweils erforderlich waren. Dies zeigte sich als umso notwendiger, als zwei Jahre später bei einem Lawinenabgang drei Bergsteiger ums Leben kamen. Ein Ereignis, das in der Folge zur Gründung des ersten Bergrettungsdienstes der Welt in Reichenau führte.

Es war damals ganz ähnlich wie heute: Wenn man als Großstädter nur Mitglied des Alpenvereins war und die nötige Ausrüstung besaß, schien man für alle Schwierigkeiten, die der Berg bereithalten konnte, gewappnet zu sein. Um auf die real bestehenden Gefahren hinzuweisen, verpflichteten Wiener Zeitungen den Erfolgsautor und Bergkenner Peter Rosegger, in Geschichten etwa auf die Gefahren mangelnder oder schlechter Ausrüstung, eines Wettersturzes oder ungenügender Kondition hinzuweisen.

Fotos:
vorangehende Doppelseite links: Historisches Rax-Werbeplakat.
rechts: Die Höllentalbahn – eine schmalspurige, elektrisch betriebene Museumsbahn am Fuße der Rax.
Doppelseite 108/109 links: Raxalm-Berggasthof und Blick auf die Umgebung.
rechts: Der Schwarza entlang am Wasserleitungsweg.
Seite 107: Auf dem Weg zum Ottohaus.

Die Erzählungen hatten gut auszugehen, sollten aber durchaus als eindringliche Warnungen eines Experten verstanden werden.

Das karstige Plateau der Rax liegt in etwa 2000 Meter Höhe, oberhalb der Baumgrenze, und eröffnet ungeheure Ausblicke auf die Bergmassive im Umkreis und die ungarische Tiefebene. Eine ganze Reihe von Hütten, verteilt über das ganze riesige Plateau, laden zur Brotzeit oder zum Übernachten ein. Vorschläge für Touren, Wanderungen oder Spaziergänge, aber auch für jede Menge Kletterrouten finden sich zahlreich – in Buchform oder im Internet. Auf den Wegkreuzungen sind gleichfalls Richtungsweiser für die nächsten Hütten aufgestellt. Aber Vorsicht! Viele dieser Empfehlungen geben keine oder nur mangelhafte Informationen über Schwierigkeitsgrade oder Voraussetzungen für diese Unternehmungen. Es ist ratsam, sich vor Beginn einer solchen Bergtour die notwendigen Informationen einzuholen, um nicht in Zwangslagen zu geraten.

Im Jahr 1926 wurde die erste Seilschwebebahn Österreichs erbaut, womit die Rax endgültig zum Hausberg der Wiener avancierte: Sie bringt Wanderer in nur acht Minuten auf die Bergstation, von wo ein ziemlich bequemer Wanderweg ohne große Steigungen in einer guten halben Stunde hinüber zum Ottohaus führt. Kurz davor findet sich eine Wegkreuzung, die man, der vielen Wiener Gäste wegen, auch den Praterstern nennt. Von hier aus führt ein Abstecher zu einem Aussichtspunkt, der beeindruckende Blicke hinunter ins Höllental eröffnet.

„Raxkönig" Camillo Kronich

Wer an das Ottohaus denkt, mag auch den Namen Camillo Kronich in Erinnerung rufen: Er war der Bruder jener Aurelia, die von Sigmund Freud Hilfe erbeten hatte und deren Mutter sich nach ihrem Bericht über die sexuellen Abenteuer ihres Mannes von ihm trennte und das Ottohaus zur Bewirtschaftung übernahm. Camillo Kronich trat in ihre Fußstapfen und wurde Nachfolger als Hüttenwirt. Er ließ viele neue Klettersteige einrichten und markierte im Winter die Wanderwege mit Stangen. Kronich war zudem ein begabter Fotograf und versuchte sich in Lichtbildervorträgen – unter anderem in Wien, Berlin, Prag und Brünn – mit Werbung für die Rax. Gustav Jahn, ein bekannter Künstler und Bergsportler, fertigte für ihn Raxbilder an. Um hier den Wintersport zu intensivieren, stellte Kronich den Besuchern auch Leihski zur Verfügung. Im Jahr 1908 eröffnete er nahe des Thörlwegs ein Touristenhotel.

Wer in diesen Jahren, noch vor der Errichtung der Seilbahn, auf die Rax wollte, konnte erst nach Arbeitsende am späten Samstagabend in den Zug steigen und musste nachts aufsteigen. Der Knappenhof bot billige Übernachtungen in Touristenzimmern und trug auf diese Weise Sorge, Unfälle beim nächtlichen Aufstieg zu verhindern. Im Zuge der Eröffnung der Bergbahn wurde diese Unterkunft allerdings zusehends überflüssig: Kronich ließ den Knappenhof bald zu einem exklusiven Refugium ausbauen, in dem auch Sigmund Freud öfters verkehrte. Heute ist er ein Seminarhotel von Rang. Wegen seiner Verdienste um die Rax wurde Camillo Kronich vielerorts als „Raxkönig" tituliert.

Der Berg der Psychotherapie

Rund um die Jahrhundertwende und im ersten Viertel des 20. Jahrhunderts war Wien eines der bekanntesten Zentren der Psychotherapieforschung. Drei verschiedene Entwicklungsstränge werden heute noch als die „Wiener Schulen" bezeichnet: die Psychoanalyse, als deren Begründer Sigmund Freud gilt, die Individualpsychologie, die von Alfred Adler entwickelt wurde, und die Logotherapie und Existenzanalyse, die wir Viktor Frankl zu verdanken haben. Zwei von ihnen, Freud und Frankl, sind nicht nur eng mit Payerbach und Reichenau, sondern besonders auch mit der Rax verbunden.

Sigmund Freud

Mit seiner Familie war Sigmund Freud ein gern gesehener Gast in Reichenau. Er wohnte meist im Thalhof, später auch im Knappenhof, und unternahm immer wieder eine Bergtour auf die Rax – meist über den Thörlweg, auf dem man nach etwa dreieinhalb Stunden im Ottohaus einkehren kann. Hier fand die Begegnung des Psychotherapeuten mit Aurelia Kronich, der Tochter der Wirtin und Schwester des bereits erwähnten Camillo Kronich, statt, die ihn um Hilfe für ihre unerklärlichen Leiden bat. Freud ließ sich auf ein Therapiegespräch ein und konnte der jungen Frau helfen. Unter dem Namen „Fall Katharina" im Sammelband *Studien zur Hysterie* (1895) veröffentlicht, bildete er eine der Grundlagen zur Entwicklung der Psychoanalyse. Erst Jahre später gab Freud den wahren Namen seiner Patientin preis. Eine Gedenktafel am Ottohaus erinnert an dieses denkwürdige Gespräch. Als Freud in späteren Jahren an einem Herzleiden erkrankte, musste er seine ausgedehnten Bergtouren reduzieren. Zu seinen Erlebnissen auf der Rax sind etwa folgende Zeilen an einen Freund überliefert: „Montag früh bin ich mit Schwager Heinrich auf die Rax wie in alten Zeiten. 3 ½ Stunden hinauf, 2 ½ zurück. Allein, die Rax ist höher geworden, seit ich sie zuletzt bestiegen, mindestens 500 Meter. Mein Herz hat es vortrefflich ertragen, aber ich konnte einen Tag darauf nichts essen, und mein Untergestell ist noch heute wie aus Blei mit einigen feuer-flüssigen Kernen."

Viktor Frankl

Der Name des Neurologen und Begründers der Logotherapie und Existenzanalyse ist, mehr noch als der Freuds, untrennbar mit der Rax verbunden. Frankl selbst meinte, dass es kaum eine größere Entscheidung in seinem Leben gab, die er nicht auf der Rax getroffen habe. In seiner Freizeit zog es ihn immer wieder hierher und zu den vielen Kletterrouten.

Im Psychiatrischen Krankenhaus in Wien war er von 1933 bis 1937 Oberarzt im sogenannten Selbstmörderinnen-Pavillon, durfte ab 1938 als Jude keinen „arischen" Patienten mehr begegnen und übernahm die neurologische Abteilung des Rothschild-Spitals, in der noch jüdische Patienten behandelt werden durften. Das Angebot eines Visums für die USA schlug er aus, um bei seinen Eltern zu bleiben. 1942 wurde seine Frau von den Nationalsozialisten zur Abtreibung gezwungen. Im September verschleppte man ihn und seine Angehörigen nach Theresienstadt. Seine Eltern, sein Bruder und seine Frau starben schließlich in den Vernichtungslagern; er selbst wurde aus dem KZ Riederloh, einem Außenlager des KZ Dachau, befreit. Sein berühmtes Buch *… trotzdem Ja zum Leben sagen. Ein Psychologe erlebt das Konzentrationslager* (1946) erschien in vielen Sprachen und hohen Auflagen. Trotz leichter Gehbehinderung hatte er die Bergführerausbildung absolviert – und glich seine körperliche Schwäche durch exzellente Technik aus. Allein drei schwierige Klettersteige wurden nach ihm benannt. Seine Höhenangst bekämpfte er, indem er mit 67 Jahren noch den Pilotenschein machte – später wird er in seinem Werk *Der Mensch vor der Frage nach dem Sinn* (1989) schreiben: „Es ist keine Schande sein Ziel nicht zu erreichen, aber es ist eine Schande kein Ziel zu haben."

Freuds größte Freud'

Sosehr Sigmund Freud auch unermüdlich arbeitete, die drei Monate Sommerfrische ließ er sich auf keinen Fall nehmen. Mit riesigem Vergnügen tauschte er dann seinen förmlichen, dunklen Anzug gegen Trachtenjanker samt Kniebundhosen ein und gab sich den Vergnügungen der wärmsten Jahreszeit hin. Von 1889 bis 1894 verbrachte Freud seine vielgeliebte Sommerfrische in Reichenau, meistens wohnte die Familie im Thalhof.

In diesem Zusammenhang ist aus einem Briefwechsel mit Arthur Schnitzler übrigens bekannt, dass die beiden Herren in vielerlei Hinsicht der gleichen Auffassung waren und sich obendrein sehr geschätzt haben müssen. So schrieb Freud etwa an Schnitzler in einem Brief vom 8. Mai 1906: „Ich habe mich oft verwundert gefragt, woher Sie diese oder jene geheime Kenntnis nehmen konnten, die ich mir durch mühselige Erforschung des Objekts erworben, und endlich kam ich dazu, den Dichter zu beneiden, den ich sonst bewundert." Schnitzler, im Gegenzug Freuds „Sprachkunst" und „Gestaltungskraft" als die eines Dichters rühmend, antwortete seinem um sechs Jahre jüngeren Bewunderer am 14. Mai 1922: „Mir liegt es nahe, dem Forscher den Vorzug zu geben."

Es wäre interessant zu wissen, was Freud um die Arthur-Olga-Peter-Dramen (gemeint sind Schnitzler, Waissnix und Altenberg), die sich auf dem Thalhof abgespielt haben, alles zu Ohren gekommen war und welche Meinung er dazu gehabt hatte. Darüber ist aber unseres Wissens nichts bekannt – außer ein kleiner Wortwitz: Man waiss nix.

In der Sommerfrische hatte Freud aber andere Interessen als zu „psychoanalysieren". Seine größte Freud' war zweifelsohne das Wandern. Gerne stellte er ein „Expeditionskorps", bestehend aus seinen Kindern, zusammen, um mit ihnen die Wälder zu erkunden. Er plante den Ablauf akribisch genau und überließ nichts dem Zufall. Die Ausflüge standen meistens unter einem besonderen Motto, wobei die Kinder etwas suchen und sammeln oder einen bestimmten Ort finden sollten. Als begeisterter Schwammerlsucher veranstaltete Freud oft eine Art Schwammerl-Jagd und rief den Finder des ersten Steinpilzes zum Gewinner aus. Nur gewann immer er selber! Wenn er ein perfektes Schwammerl gefunden hatte, warf er seinen Hut darüber, stieß einen schrillen Pfiff mit seiner Silberpfeife aus und lüftete den Hut erst, wenn alle Kinder versammelt waren und den Fund gebührend bewundern konnten.

Beim Schwimmen machte Freud aber, laut Sohn Martin, keine so gute Figur. Zwar konnte er ganz gut schwimmen, sein „förmlicher Bruststil" (Annette Meyhöfer) sah allerdings wohl noch steifer aus, weil Freud verzweifelt versuchte, seinen Bart über Wasser zu halten. Wenn man sich das so vorstellt, dann praktizierte er „Spazierenschwimmen par exellence". Bei diesem Genuss legte er noch eins oben drauf, denn „es gefiel ihm, im Wasser zu planschen und einen Kellner mit einem Tablett mit Erfrischungen und sogar Zigarren und Streichhölzern zu sich herauswaten oder – schwimmen zu lassen" (Meyhöfer). Man stelle sich Sigmund Freud, eine Zigarre rauchend, im Edlacher Bad vor, neben ihm ein Kellner im Frack, mit seinem Tablett bis zum Bauch im Wasser stehend. Schade, dass es davon keine Fotoaufnahmen gibt!

Und da soll Freud noch einer glauben, dass er in der Sommerfrische nach einer „entzückenden" Einsamkeit ohne Menschen suchte. Die freilich fand er im Kreis seiner großen Familie mit sechs Kindern ohnehin selten. Vielleicht bestieg er deshalb während seiner Sommeraufenthalte in Reichenau bis zu drei Mal wöchentlich die Rax, wie ein Schild der Wiener Psychoanalytischen Vereinigung heute noch im dortigen Ottohaus verrät. Dass ein Stadtmensch den knapp dreistündigen Aufstieg und die Bewältigung von 861 Höhenmetern so gut geschafft hat, ist schon beeindruckend. Natürlich kann man auch mit der Gondel hinauffahren und in ca. 20 Minuten auf einem breiten Weg zum Ottohaus hinübergehen. (Im Zweifelsfall immer rechts halten; wenn das Ottohaus linker Hand schon in Sicht ist, gibt es einen schönen Abstecher zu einer Aussichtsplattform ins Höllental. In diesem Fall rechts abbiegen, dann gleich links halten und ca. eine Viertelstunde immer geradeaus gehen, bis es nicht mehr weiter – beziehungsweise tief hinunter in die Schlucht – geht. Der Ausblick lohnt sich!)

Auf jeden Fall wollte Freud eigentlich die Natur und die frische Luft oben auf der Rax genießen und sich einmal mit ganz anderen Sachen beschäftigen als mit Neurosen und Hysterien. Im Ottohaus, in das er nach dem Aufstieg einkehrte, freute er sich auf ein gutes Essen, das er nach dem anstrengenden Aufstieg natürlich in Ruhe zu genießen trachtete. Doch als die 18-jährige Wirtstochter Aurelia ihn fragte, ob er ihr bei ihren Panikattacken, Erstickungsgefühlen und Schwindelanfällen helfen könne, da konnte er doch nicht Nein sagen. Nach einem Gespräch mit dem Mädchen, das einen Nachmittag lang dauerte, fand er tatsächlich die Ursache für ihre Beschwerden heraus (sie wurzelten unter anderem in einem Vergewaltigungsversuch des Vaters) und publizierte ihre Geschichte 1895 in seinen *Studien über Hysterie*. Die Wirtstochter Aurelia ging als „Fall Katharina“ in die Geschichte ein und vielen gilt das Ottohaus daher als die „Geburtsstätte der Psychoanalyse“. Eine Wanderung dorthin rentiert sich auch ohne Freud-Begeisterung, schon alleine wegen der gemütlichen Hütten-Atmosphäre. Die Freuds mieteten sich übrigens ein paar Tage im Ottohaus ein, weil Ehefrau Martha die schöne Aussicht genießen wollte. Die Abgeschiedenheit auf dem Berg oben war wohl weniger der Grund, denn im Notfall wäre der begehrte Arzt trotzdem erreichbar gewesen, „da man oben telefonische Verbindung mit Reichenau hat und bequem in zweieinhalb Stunden herunterkommen kann".

Manchmal war einfach Not am Mann – und da musste Freud schnell zur Stelle sein. Wie zum Beispiel im Jahr 1910, als Gustav Mahler mit seiner Frau Alma so massiv in der Krise steckte, dass er weder ein noch aus wusste. Freud war damals auf Sommerfrische in Holland und ging mit dem gramgebeugten Komponisten in Leiden spazieren. Offensichtlich waren die Nachmittagsgespräche sehr effizient, denn Freud diagnostizierte bei Mahler den „Marien-Komplex": eine unglückliche Fixierung auf seine Mutter mit dem Namen Marie. Seine lebenslustige Frau Alma nannte Mahler nämlich bei ihrem zweiten Vornamen – ebenfalls Marie. Später berichtete Arthur Schnitzler, dass Freud bei Mahler mit diesem Gespräch viel erreicht habe. Das freute Freud. Ob dem allerdings wirklich so war, sei dahingestellt. Immerhin ließ sich das Ehepaar Mahler nicht scheiden. Alma heiratete ihren Geliebten, Walter Gropius, erst nach dem Tod ihres Gatten; und wieder später ließ sie ihre Villa auf dem Payerbacher Kreuzberg erbauen. Was hätte Freud alles zu diagnostizieren gehabt rund um die Dramen mit dem späteren Ehemann Werfel und erst recht mit dem eifersüchtigen Oskar Kokoschka! Und überhaupt – was hätte Freud zur Angewohnheit Alma Mahler-Werfels gesagt, prominente Männer zu sammeln?

Aber, wie gesagt, in der Sommerfrische hat die Psychoanalyse nicht so recht sein Denken und Handeln bestimmt. Außerdem suchte Freud nach 1894 weiter entferntere Orte für die Sommerfrische aus und machte sich oft schon in den Osterferien auf, um die Gegenden zu erkunden und ein geeignetes Quartier für die ganze Familie zu finden. Bei diesen Entdeckungsreisen fühlte er sich wie Kolumbus und sehnte sich nach Land.

Manchmal sehnte sich Freud aber, wie wir bereits wissen, auch nach Wasser, weswegen er sich im Mai 1901 in der Edlacher „Curanstalt" aufhielt. Ob er beim Planschen wieder Zigarren geraucht hat, wissen wir nicht, wäre aber gut vorstellbar. Freud stieg außerdem noch oft im Hotel „Knappenhof", oberhalb Edlachs – am Beginn des beliebten Törlweges – ab, wie auch Arthur Schnitzler und Viktor Frankl. Die Rax ließ ihn nicht los. 1928 gratulierte er seinem deutschen Psychoanalytiker-Kollegen Oskar Pfister zur Besteigung des Matterhorns und schrieb in einem Brief an ihn: „Auch ich war vor einigen Tagen auf der Rax (2004 m), die ich vor einigen Dezennien wöchentlich zu besteigen pflegte … diesmal aber mit Hilfe der Seilbahn."

Die Höllentalbahn

Geht man etwa 400 Meter auf dem Payerbacher Bahnsteig Richtung Viadukt und unterquert die Gleise in einem Tunnel, dann steht man vor dem Bahnhof der Höllentalbahn. Sie wurde 1918 als Materialbahn für die Papierfabrik in Hirschwang gebaut und 1926 auch für den Personenverkehr zugelassen. Grund dafür war die Eröffnung der Standseilbahn auf die Rax im selben Jahr – eine Attraktion sondergleichen für die Wiener, denn sie ermöglichte einen Sonntagsausflug in das Hochgebirge. Wegen des Besucheransturms wurden die Abfahrtszeiten der Schmalspurbahn an die Ankunftszeiten der Wiener Züge gekoppelt: Bis zu 16 Züge befuhren täglich die ca. fünf Kilometer lange Strecke – bis 1963, dann aber rentierte sich der Personenverkehr nicht mehr, das Auto hatte gesiegt. 1982 wurde auch der Güterverkehr eingestellt. Seit dieser Zeit verkehrt die Schmalspurbahn mit alten Loks und Wagons nur mehr als Museumsbahn bis Hirschwang. Von dort transportiert ein Oldtimer-Bus die Fahrgäste zur Talstation der Rax-Seilbahn.

Das Höllental

Wenn man aus Reichenau hinaus auf die Rax zufährt, kommen einem Gedanken, hier sei die Welt zu Ende. Bei der Talstation der Rax-Seilbahn erst merkt man, dass es doch noch weitergeht: Denn zwischen Rax und Schneeberg, den beiden benachbarten Bergen, tut sich ein Spalt auf, eng und tief, der das Gebirge wie mit einem Messer durchschneidet. In diesem Tal hat sich die Schwarza einen Weg gebahnt. Zwischen hohen Felsen, an die sich mühsam einige Bäumchen und Sträucher klammern – eine Schlucht, an manchen Stellen einer Klamm gleich, die bis Anfang des 19. Jahrhunderts nur zu Fuß oder allenfalls als Reiter zu bewältigen war. Höllental hat man sie deshalb geheißen, denn je nach Wasserstand und Klima war der Weg gefährlich – und noch heute gibt es hier fast keinen Handyempfang! Erst im Jahr 1832 wurde ein Karrenweg durch dieses enge Tal angelegt, der heute zu einer schmalen, dem kurvigen Flusslauf folgenden Straße ausgebaut ist. Aber es gibt auch einen vier Kilometer langen wunderschönen Wanderweg der Schwarza entlang bis nach Kaiserbrunn.

Schwemmunternehmer Georg Hubmer

Er hatte es zu etwas gebracht, man kann es nicht anders sagen. Aber Georg Hubmer (1755–1833) hatte dafür auch etwas geleistet, war er doch einst mit seiner Hubmer'schen Schwemm-Compagnie der bedeutendste Holzunternehmer der ganzen Region und Partner des Grafen Hoyos, dem die ausgedehnten Wälder um Rax und Schneeberg gehörten. Seine Anlagen, Holzriesen, Klausen und Rechen, mit denen er das geschlagene Holz aus dem Höllental und seinen Seitentälern herausschwemmte, wurden wegen ihrer Kunstfertigkeit allseits bewundert. Mit 400 Waldarbeitern, die mit ihm in Nasswald, einem Seitental des Höllentals, siedelten, versorgte er nicht nur das Eisenwerk in Hirschwang am Eingang des unwegsamen Höllentals mit Brennholz, sondern später auch mit Triften auf Traisen und Schwarza die Stadt Wien. Die Strecke war 125 Kilometer lang, die eine Hälfte wurde das Holz mit dem Flusswasser geschwemmt, die andere musste das Holz auf 30 Schiffen zurücklegen, die ebenfalls der Schwemm-Compagnie gehörten. Als die Wälder rund um Naßwald abgeholzt waren, musste man das Holz von der anderen Seite der Wasserscheide Richtung Mürzzuschlag (also aus der Steiermark) herbeischaffen. Dazu ließ Hubmer die Wasserscheide mit einem 430 Meter langen Schwemmtunnel durchbrechen.

Im Jahr 1826 – Georg Hubmer, ein zupackender Mensch, der nur notdürftig lesen und schreiben konnte, war ein wohlhabender Mann geworden – ließ er in Nasswald ein evangelisches Schul- und Bethaus errichten und gab damit der zweitältesten evangelischen Gemeinde Österreichs ein Zentrum. Man musste sich zu dieser Zeit nicht mehr verstecken wie noch seine Eltern, die ihren Glauben geheim hielten, weil sie Repressalien oder gar die Ausweisung befürchteten.

Das heutige Forstamt der Stadt Wien – die Hochquellenleitung bezieht auch aus dem Nasswaldtal einen Teil ihres Wassers – war das ehemalige Wohnhaus Georg Hubmers. Eine nachgebaute Holzknechthütte birgt heute seine Gedächtnisstätte in Nasswald. Die Bezeichnung „Raxkönig" hat Hubmer im Nachhinein über den gleichnamigen Roman von Ottokar Janetschek (1929) erhalten.

Der Wasserleitungsweg

Etwa 100 Meter vor der Bus-Endhaltestelle bei der Seilbahn-Talstation führt ein Fußgängersteig, die sogenannte Windbrücke, über die Schwarza. Dort beginnt der Wasserleitungsweg durch das

Höllental. Ein Wanderweg durchaus alpinen Charakters, mit kurzen Anstiegen, von Wurzelwerk und Steinen durchsetzt, immer an der Schwarza entlang, gibt er immer wieder wildromantische Blicke auf steil aus dem Wasser steigende Felswände, kleine Stromschnellen, Schwemmufer und in den Fluss gestürzte Felsen frei. Hier finden sich auch Sandbänke zum Sonnen oder Wasserplantschen, von denen aus man vorbeiziehende Kanuten begrüßen kann. Es dauert etwa eineinhalb Stunden reine Gehzeit, bis man in Kaiserbrunn angelangt ist und sich im einladenden Gasthaus „Am Wasserwerk“ eine Jause oder Kaffee und Mehlspeise servieren lassen kann. Dieser kleine Talboden war schon im 19. Jahrhundert Ausflugsziel vieler Sommerfrischler.

Von Kaiserbrunn aus gelangen wir mit der Busverbindung 341 direkt zurück nach Reichenau bzw. Payerbach. Wer diesen Weg von Kaiserbrunn flussabwärts gehen will, kann von der Windbrücke auf ausgeschildertem Weg auch weiter bis nach Payerbach oder gar Gloggnitz wandern.

„Einmal bevor ich sterbe, möchte ich noch in dem Fiaker, der einst meine Eltern führte und uns Kinder, und der nach Leder und Pferd roch, nach ‚Kaiserbrunn‘ fahren, zur ‚Singerin‘, nach ‚Naßwald‘. Die hellgrüne, forellenreiche Schwarza zwängt sich da zwischen Felsen und ich kannte jeden Baum, jeden Strauch am Felsen-Ufer.“

Peter Altenberg in seiner *Vita ipsa* (1918)

Wasser für Wien

In diesem kleinen Talboden zwischen Rax und Schneeberg gibt es eine stark sprudelnde Quelle. Man kann als sicher annehmen, dass Holzfäller und Jäger sie schon lange kannten, als

Fotos:
vorangehende Doppelseite: Eindrücke vom Wasserleitungsweg im Höllental; Quellfassung von Kaiserbrunn.

Kaiser Karl VI. im Jahr 1728 anlässlich eines Jagdausfluges von ihr trank. Sein Leibarzt erklärte das Quellwasser für sehr gesund, worauf der Kaiser verfügte, dass es fürderhin auch dem Hof in Wien zur Verfügung stehen sollte. Fortan transportierten sogenannte Wasserreiter, Soldaten mit Fässern und Tragetieren, zweimal die Woche Wasser nach Wien und in die Hofburg. Diese Wasserreiter waren nicht sehr beliebt in der Bevölkerung, denn da es ihnen nicht pressierte, stellten sie jedem Weiberrock nach, den sie auf ihrem Weg trafen. Auch die Mönche von Neuberg, denen diese ganze Gegend zu eigen war, kannten die Quelle, denn sie trieben mit dem in Flaschen abgefüllten Wasser des Kaiserbrunnens schwunghaften Handel.

Im 19. Jahrhundert traf die Cholera mit voller Wucht Wien und die restliche Habsburgermonarchie. Zu einer letzten Welle kam es in der Hauptstadt im Jahr der großen Weltausstellung 1873. Was umso schlimmer war, als viele Gäste angesichts der Epidemie sofort wieder abreisten oder ihren Besuch stornierten. In diesem Jahr starben im ganzen Reich knapp 500 000 Menschen, meist aus dem Proletariat, denn bis zu ihm war die Lösung des Abwasserproblems noch nicht vorgedrungen: Nur die Innenstadt und die Nobelvororte waren schon kanalisiert. Bereits 1861 hatte man einen internationalen Wettbewerb zur Wasserversorgung der Hauptstadt ausgeschrieben. In seiner Folge ließ der Stadtrat eine Wasserleitung von Kaiserbrunn nach Wien über weit mehr als 100 Kilometer bauen.
Anlässlich der Eröffnung der Ringstraße 1865 schenkte Kaiser Franz Joseph die Kaiserbrunnquelle der Stadt Wien. Bis 1889 war

die Wasserleitung fertig. Jeden Tag flossen fortan täglich bis zu 200 Millionen Liter Trinkwasser in freiem Gefälle in die Stadt.

Auch heute noch bezieht die Stadt einen großen Teil ihres Wassers aus dem Rax-Schneeberg-Gebiet, dessen karstiges Gestein das Wasser durchsickern und erst im Talboden austreten lässt. Ein Museum erzählt in Kaiserbrunn von der Geschichte dieser Hochquellenwasserleitung in Freiluft-Exponaten, Bildern, Grafiken und einer interessanten Multimediaschau. Außerdem kann man bei einer Führung auch das Wasserschloss besichtigen – den Ort, wo die Quelle austritt.

Weiterführende Informationen

Rax-Seilbahn
Dr. Ewald-Bing-Straße 3, 2651 Reichenau an der Rax
+43 2666 52497
www.raxalpe.com
raxseilbahn@raxalpe.com

Raxalm-Berggasthof (Bergstation der Rax-Seilbahn)
Kleinau 14, 2651 Reichenau an der Rax
+43 2666 52450
berggasthof@raxalpe.com
Ganzjährig geöffnet von 8–22 Uhr.

Ottohaus
Kleinau 27, 2651 Reichenau an der Rax
+43 2666 5240

ottohaus@raxalpe.com
Erreichbar mit einem gemütlichen Spaziergang (rund 40 Minuten) von der Bergstation der Rax-Seilbahn. Kurz unterhalb des Ottohauses in 1 644 Meter Seehöhe befindet sich der Alpengarten, in dem auf 4 000 m² mehr als 200 Alpenpflanzen der Region zu bewundern sind.

Hotel & Restaurant Knappenhof
Kleinau 34, 2651 Reichenau an der Rax
+43 2666 53633
www.knappenhof.at
Der Knappenhof ist nicht nur ein idealer Ausgangspunkt für die Wanderung auf die Rax, sondern auch ein guter Platz zum Übernachten mit einer exzellenten Küche. Schon 2013 erkochte sich hier ein Koch eine Haube – und im Jahr 2021 wurde ein weiterer von Gault&Millau zum Koch des Jahres gekürt. Wer die „alte Sommerfrische" neu genießen will, ist hier bestens aufgehoben.

Lokalbahn Payerbach-Hirschwang („Höllentalbahn")
Die Museumszüge verkehren von Mitte Juni bis Ende Oktober, jeweils an Sonn- und Feiertagen. Die jeweiligen Fahrzeiten und Fahrpreise sind unter www.lokalbahnen.at/hoellentalbahn einzusehen. Zum Angebot zählen auch Erlebniszüge, die Führungen durch die alte Fahrzeugremise und das elektrische Umformerwerk in Reichenau beinhalten.

Wasserleitungsmuseum Kaiserbrunn
Kaiserbrunn 5, 2651 Reichenau an der Rax
+43 14000 31760
https://www.wien.gv.at/wienwasser/bildung/wasserleitungsmuseum
Das Museum ist vom 1. Mai bis Anfang November, jeweils am Samstag, Sonn- und Feiertag von 10 Uhr bis 16:30 Uhr bei freiem Eintritt geöffnet. Eine Führung für Gruppen ab 10 Personen kostet 50 Euro, mit Niederösterreich-Pass 25 Euro.

Payerbach

„Die alte Baronin Vetsera, hexenhaft, … am Zaun des Kurhausparks … Mehr als 30 Jahre – dass sich der Kronprinz mit ihrer Tochter umbrachte – mit den Habsburgern ist's vorbei – sie radelt noch durch das alte Revier."

Arthur Schnitzler,
Ausschnitt aus einem Tagebucheintrag (1942)

CHRONOMETER
Zum
100-jährigen Jubiläum
der Gemeinde Payerbach
2008
restauriert vom
Dorferneuerungsverein
und der Marktgemeinde

Spechbacherhütte
51

Der geschichtsträchtige Bahnhof

In der zweiten Hälfte des 19. Jahrhunderts wurde der Bahnhof des vordem so beschaulichen Dorfes Payerbach zu einem der meist frequentierten der Habsburgermonarchie – und damit auch zum Drehkreuz zwischen Industrialisierung einerseits sowie Sommerfrische und Urlaub andererseits. Ein Spalt tat sich auf zwischen der traditionellen Beschaulichkeit und dem modernen Leben unter dem Diktat des Sekundenzeigers. Im Jahr 1851 als Hilfshaltestelle für die Bauarbeiten an der Semmering-Bahn eingerichtet, wurde der Bahnhof Payerbach Station auf der Strecke zum 1854 erreichten Semmering und an der 1857 vollendeten Südverbindung mit Graz und dem habsburgischen Adriahafen Triest.

Im Jahr 1875 folgte die Eröffnung des Bahnhofsgebäudes, dessen Aussehen sich bis heute kaum verändert hat. Reisende mit weiterführenden Zielen (bis vor etwa 50 Jahren konnte man von hier aus auch noch nach Rom oder Athen fahren) stiegen allerdings nicht aus, sondern besorgten sich am Bahnhof nur den noch fehlenden Reiseproviant oder Lesestoff für die lange Fahrt. Die anderen Passagiere aber quollen in Payerbach in immer dichteren Scharen aus den Abteilen. Da waren zum einen die aus beruflichen Gründen Reisenden – Ingenieure, Techniker, Beamte, die etwas mit dem komplexen Fortgang des Bahnbaus im Hochgebirge zu tun hatten und den verschiedenen Baustellen zustrebten. Dazu kamen zunehmend mehr Schaulustige, welche schon bald in Sonderzügen herangekarrt wurden, um die sagenumwobenen Hochgebirgsbaustellen mit eigenen Augen zu sehen. Was in Payerbach relativ einfach zu bewerkstelligen war, denn die Arbeiten am Schwarza-Viadukt, dem mit 276 Metern längsten des Bahnbaues, waren noch in vollem Gange. Es überwölbte in elegantem Schwung den Talboden; auf den über zwanzig Meter hohen Gerüsten wimmelte es nur so von Arbeitern. Auch konnte man hier das Anrollen und Entladen

Fotos:
vorangehende Doppelseite: Eindrücke vor (und von) der Speckbacher Hütte.
Doppelseite 132/133: Der berühmte, im Jahr 1909 errichtete Musikpavillon im Payerbacher Park.
links oben: Das Schwarza-Viadukt – Wahrzeichen von Payerbach.
Seite 131: Wetterhäuschen mit renoviertem Chronometer im Payerbacher Park.

der vielen Transportzüge beobachten und kommentieren, die Schienen, Schwellen, Balken, Ziegel, Zement und anderes Baumaterial herbeischafften; dazu Futtermittel für die vielen Zugtiere, Pferde und Ochsen, und Lebensmittel für die Arbeiter, denn die Ernten der örtlichen Bauern reichten zur ihrer Versorgung bei Weitem nicht aus.

Auf der anderen Seite war der Payerbacher Bahnhof ersehntes Ziel von Sommerfrischlern und einer steigenden Zahl von Kurzurlaubern. Auf sie warteten am Bahnhofsvorplatz bis zu 60 Fiaker und Lohnkutschen, um sie zu ihren Quartieren zu bringen. Die Hoteldiener ließen sich die Gepäckscheine geben und sammelten Koffer und Taschen, die Kutscher von Ein- und Zweispännern warben um Kundschaft, Reisende wurden von bereits Anwesenden in Empfang genommen und lautstark und herzlich begrüßt. Es herrschte ein zielstrebiges Durcheinander, das sich nur langsam auflöste und bei Ankunft des nächsten Zuges aufs Neue begann.

Und dann kam auch noch der Kaiser, der sich nunmehr, mit diesem neuen und schnellen Transportmittel, kurzfristige Jagdausflüge in sein Kreuzberger Revier leisten konnte. Oft brachte er Jagdgäste mit, meist auch Familienangehörige. Um ihn weitgehend abzuschirmen, ließ man im Bahnhofsgebäude

einen kaiserlichen Wartesaal einrichten. Allein das Gerücht, Franz Joseph komme mit dem Zug an, machte aus vielen Einheimischen und Gästen Schaulustige, die wenigstens den Federbusch auf des Kaisers Helm oder den Gamsbart an seinem Jägerhut sehen wollten. Wer heute die historischen Aufnahmen an der Wand des Bahnhofs bei Gleis 1 betrachtet, kann sich eine Vorstellung davon machen, wie es im Fin de Siécle hier ausgesehen hat: Da war nichts von jener Beschaulichkeit, in der der Bahnhof die Reisenden heute empfängt. Im Gegenteil, man konnte sich hier in Payerbach an den Bahnhof einer Großstadt erinnert fühlen.
Ab 1926 wurde die Schmalspurbahn nach Hirschwang auch zur Personenbeförderung zugelassen und man verlegte die Gleise bis in unmittelbare Bahnhofsnähe, denn viele Wiener wollten mit der fertiggestellten Seilbahn auf die Rax schweben oder eine Wanderung in das bekannte Höllental unternehmen. Auf bequeme Art konnten so Tausende von Großstädtern am Sonntag das Hochgebirge er-fahren. An einer Weggabelung vor dem Ottohaus, das von der Bergstation in einer leichten, etwa 40-minütigen Wanderung zu erreichen ist, brachte man ein Schild mit der Aufschrift „Praterstern“ an. Ein Hinweis dafür, wie belebt es hier zuging. Die Abfahrtszeiten der Schmalspurbahn wurden extra an die Ankunftszeiten der Wiener Züge angepasst, sie verkehrte bei Bedarf bis zu sechzehnmal am Tag. Heute existiert die Schmalspurbahn als Museumsbahn (Höllentalbahn) weiter und wird am Wochenende gern zu einem nostalgischen Ausflug genutzt.

Der Payerbacherhof

Wie im benachbarten Reichenau gab es auch in Payerbach einen Menschen, der die Zeichen der Zeit erkannte und sie für sich und seinen Ort auszunützen wusste. Bartholomäus Mader war Bauer und Fuhrunternehmer, von 1852 bis 1860 Bürgermeister, und betrieb das Gmoawirtshaus, dem bald seine ganze Aufmerksamkeit galt. Denn während der Bauphase der Eisenbahn erwies sich dieser Gasthof sehr schnell als zu klein. Mader überlegte nicht lange: „Es entstand im Jahre 1854 das Hotel Mader, ein für die damalige Zeit vornehm ausgestatteter Betrieb, mit einer großen Gaststube, einem Speisezimmer für die fremden Gäste, einer großen, gut eingerichteten Küche und einer Anzahl Fremdenzimmer. Mit der Erbauung des Hotels Mader wurde der Wandlung des Ortes Payerbach vom Bauerndörfl zum Fremdenverkehrsort sichtbarlich Ausdruck verliehen. Das Hotel bestand in seiner Form und Gestaltung unverändert bis in das darauffolgende Jahrhundert …“, heißt es in einem Bericht eines seiner Nachfahren. Rechtzeitig zur Eröffnung der Semmering-Bahn konnte das neue, moderne Hotel, um das das alte Gmoawirtshaus erweitert worden war, seine Pforten öffnen und den Aufschwung, den Reichenau mit seinen Sommerfrischlern erlebte, auch für Payerbach nutzen. Nach der Jahrhundertwende – das Hotel Mader war inzwischen verkauft, der neue Besitzer hieß Otto Hübner und taufte das Hotel auf den Namen Payerbacherhof – gab es eine Reihe prominenter Gäste, die es als Quartier für die Sommerfrische vorzogen: Prof. Dr. Eduard Suess, der Geologe und geistige Vater der I. Wiener Hochquellenleitung gehörte dazu, ebenso der Serologe und Nobelpreisträger Karl Landsteiner oder der Operettenkomponist Franz Lehár.

Um die Jahrhundertwende versuchte man sich von Reichenau abzusetzen und in dem aufkommenden Wintersport eine Chance zu suchen. Diese eröffnete sich, weil sich rund um Payerbach, direkt am Ortsrand, Berge und Hügel erhoben und zum Skifahren und Rodeln lockten. Der Skipionier Mathias Zdarsky war viele Jahre Gast im Payerbacherhof und gab Einheimischen und Gästen Kurse in der neuen, von ihm entwickelten Technik des „alpinen Skilaufs“.

Skipionier Mathias Zdarsky

Mathias Zdarsky war Lehrer, Maler, Bildhauer – und eben auch Skipionier. Im Jahr 1896 ließ Zdarsky die von ihm entwickelte seitenstabile Stahlsohlenbindung patentieren, die den Ski lenkbar machte. Sie wurde zur Grundlage moderner Skibindungen. Die von ihm entwickelte „Alpine Skifahr-Technik“ war die erste alpine Schwungtechnik. Das Zdarsky-Ski-Museum ist heute Teil des Bezirksheimatmuseums Lilienfeld.

Um es möglichen Gästen leichter zu machen und natürlich auch, um sie damit anzulocken, legte man im Jahr 1906 einen Fußweg vom Bahnhof hinunter zum Payerbacherhof an. Der Hoteldiener holte am Bahnhof das Gepäck und fuhr es mit der Scheibtruhe zur Unterkunft, während die Gäste, Arm in Arm, unter Sonnenschirm und Hut, den Fußweg hinabpromenierten, wo man zur Begrüßung ein Achterl Weißen oder einen kleinen Braunen servierte und die Gäste zufrieden feststellten, dass sich übers Jahr hinweg nicht viel verändert hatte. Das Hotel warb zur damaligen Zeit sowohl mit Equipagen als auch mit einer Auto-Garage und Benzin-Station – und hielt auf sich, über eine anerkannt gute Gartenrestauration mit Glassalon zu verfügen. Die Equipagen sind mittlerweile durch Leihfahrräder ersetzt, für Autos wurden Parkplätze angelegt, den Glassalon gibt es nicht mehr, dafür ist der Wirtsgarten, von einer riesigen Platane beschattet, auch heute noch sommerlicher und Genuss verheißender Anziehungspunkt für Gäste und Einheimische. Denn der Payerbacherhof ist immer noch Mittelpunkt der Gemeinde – da trifft man sich und Gäste sind immer herzlich willkommen. Jeden Dienstagabend findet hier der Musikanten-Stammtisch statt. Wer Lust hat und ein Instrument beherrscht – es muss beileibe nicht perfekt sein –, kommt und spielt mit; die Getränke spendiert der Wirt. Und wenn Mucho, der Totengräber, den Bass zupft und Gästen mit treuherzigem Augenaufschlag erklärt, dass er Herr über 300 Untertanen sei, und Yoyo, der philippinische Theatertechniker der Reichenauer Festspiele, mit kräftiger Stimme *I am from Austria* anstimmt, dann platzt die Gaststube vor Begeisterung. Mancher Urlauber ist dann froh, wenn er am nächsten Vormittag auf den geplanten Ausflug verzichten und stattdessen die Sauna besuchen und im Gartenpavillon der Ruhe pflegen kann.

Ein paar Schritte vom Payerbacherhof bergauf Richtung Bahnhof verlebte der Komponist Arnold Schönberg mehrere Sommer. Das Haus steht nicht mehr, gibt aber doch Anlass, eine Geschichte zu erzählen, die möglicherweise auch etwas mit der Sommerfrische zu tun hat. Schönberg kannte Peter Altenberg aus Wien, beide haben sich wahrscheinlich ebenso in Reichenau getroffen. Altenberg, der Meister der kleinen literarischen Form, hat kurze Gedichte auch auf Postkarten geschrieben; in seinem Nachlass hat man mehrere hundert Karten gefunden, er sammelte und liebte sie. Fünf dieser Postkartengedichte hat der Schüler Arnold Schönbergs, der ebenso bekannte Komponist Alban Berg, für Singstimme und großes Orchester vertont. Sie wurden 1913 im Musikvereinssaal in Wien uraufgeführt. Dabei kam es zu einem kuriosen Skandal: Das Publikum brach über die emotionalen und sentimentalen Texte Altenbergs in lautes Gelächter aus. Es handelte sich um folgende Zeilen: *Sahst du nach dem Gewitterregen den Wald? / Alles rastet, blinkt und ist schöner als zuvor. / – Siehe, Fraue, auch du brauchst Gewitterregen!* Arnold Schönberg, der die Uraufführung dirigierte, drohte, die Ruhestörer mit Gewalt entfernen zu lassen. Es kam zu größeren Beschimpfungen, sogar zu Ohrfeigen. Die Menge verlangte, alle, die diese Zwölftöner-Musik schätzten, nach Steinhof bringen zu lassen. Hier befindet sich heute noch das Psychiatrische Krankenhaus der Stadt Wien.

Die Payerbacher Hochzeit

Im Juni 2022 sitzen wir in der Wirtsstube des Payerbacherhofes und vernehmen die aufregende Nachricht: Der Wirt und Hotelier des Hauses heiratet! Der begehrteste Junggeselle in Payerbach wird morgen vom Markt genommen, erzählen die Stammgäste. Die wichtigste Aktie, die der Ort zu bieten hat, ist nicht mehr zu haben, jammern sie. Das ist bitter. Was wird jetzt aus Payerbach? Der Bräutigam steht grinsend hinter der Theke und sagt, es wird schon irgendwie weitergehen. Und so weit voraus denkt er jetzt sowieso nicht. Er steckt bis über alle Ohren in Hochzeitsvorbereitungen: noch schnell zur Zahnreinigung, die Zähne bleachen für das strahlend weiße Lächeln am Hochzeitsfoto – und noch eilig den Hochzeitstanz üben. Er zapft ein kleines Bier und tanzt uns, das schlanke Bierglas in der einen Hand und den freien Arm wild schwingend, einen Cha-Cha-Cha vor. Kein Walzer, wie üblich, mal etwas anderes und richtig flott. Sechs Tanzeinheiten musste er investieren für diesen Tanz. Dieser Zeitaufwand! Vierzig Minuten nach und von Wiener Neustadt ins Tanzstudio, plus eine Stunde Unterricht. Fast 18 Stunden investieren für dreieinhalb Minuten Tanz! Es ist der Wahnsinn, sagt der Bräutigam kopfschüttelnd. Er stößt mit seinem zukünftigen Trauzeugen und bestem Freund an auf eine schöne Hochzeit. Natürlich musste er sehr oft anstoßen auf seine bevorstehende Trauung in den letzten Tagen, als Chef vom einzigen Hotel im Ort versteht sich das von selbst.

Und immer, wenn er ein paar Bier getrunken hat und nach Hause kommt, dann sagt seine Braut, er müsse jetzt mit ihr tanzen. Weil realistischerweise muss er den Hochzeitstanz spät am Abend mit ein bisschen Alkohol im Blut, um nicht zu sagen, voll besoffen tanzen können. Eines muss man sagen: Die Braut scheint zu wissen, worauf sie sich einlässt. Die Marlies heiratet mit dem Konstantin natürlich auch den Payerbacherhof, sagen alle respektvoll. Sie scheint dieser Aufgabe gewachsen zu sein. Hoffentlich werden die beiden ein Dream-Team, ein Traumpaar sind sie ja schon jetzt.

Natürlich wird die Hochzeit riesig, mit ein paar hundert Leuten soll im schönsten und vornehmsten Hotel weit und breit gefeiert werden. Dass die Wahl auf den Marienhof gefallen ist, liegt nur zum Teil an dem romantischen Ambiente: Der Trauzeuge ist gleichzeitig der Chef des Hauses. Noch wichtiger als das schön renovierte alte Hotel ist aber der zauberhafte Garten mit dem kleinen Springbrunnen. Bei einer Agape sollen die Gäste empfangen werden, zwischen duftenden Rosen wandeln und prickelnde Getränke genießen. Später soll sich das Brautpaar unter einem weißen Blumenbogen das Ja-Wort geben. Romantischer geht es fast nicht. Nur sind Bräutigam und Trauzeuge am Tag vor der Hochzeit erst draufgekommen, dass der Garten in den zwei Corona-Jahren überhaupt nicht gepflegt wurde. Das Wildromantische hat, Berichten zufolge, überhandgenommen und ist einer starken Verwahrlosung gewichen. In Windeseile wurde also alles zusammengetrommelt, was eine Schaufel halten konnte oder eine Gartenschere. Auch der Bräutigam-Vater und Senior-Chef vom Payerbacherhof hat eifrig mitgeholfen beim Mähen und Schneiden. Er musste aber um fünf schon wieder weg, weil er die Hochzeitsrede mit einer kompetenten Stammgästin im Hotel einstudieren musste.

Es war eine emotionale und warmherzige Rede, in deren Genuss leider nur diese eine Zuhörerin kam. Es wurden nämlich so viele wichtige Reden gehalten, dass die Hochzeitsgäste schon ganz erschöpft waren und nicht mehr zuhören konnten, als endlich der Bräutigam-Vater an die Reihe kam. Kurzerhand kürzte er die Rede auf das Notwendigste ab: Er wünschte dem Brautpaar alles Gute. Davon wusste der Senior-Chef beim Üben aber noch nichts und bereitete sich mit allem gebotenen Ernst auf seine wichtige Rede vor. Anschließend musste er sofort wieder weg zur Singprobe.

Die ganze Familie bringt gemeinsam einige Lieder zum Besten und der Payerbacherhof summt wie ein Bienenhaus vor lauter Proben und Üben.

Währenddessen schleppt der Bräutigam Konstantin aus seinem Hotel noch runde Tischplatten zu seinem Trauzeugen-Freund in den Marienhof – und Platzteller, weil seine einfach schöner aussehen. Die weißen Seidenhussen für die Stühle werden ebenso aus dem Payerbacherhof geliefert, das lässt sich die Bräutigam-Mutter Ina nicht nehmen. Die Senior-Chefin des Payerbacherhofes ist aber auch eine Meisterin der Hochzeitstisch-Dekoration! Sie berät und denkt mit, schaut, dass die schönen Tischdecken ordentlich gebügelt sind – und vor allem die empfindlichen Seidenhussen. Braut Marlies war höchstpersönlich schon um sechs Uhr früh in der Großmarkthalle in Wien, um die schönsten Blumen zu ergattern. Die Frauen haben dann den ganzen Nachmittag damit verbracht, mit wahnsinnig viel Liebe die traumhaftesten Blumengestecke zu zaubern. Alles ist für den großen Tag gerichtet. „Jetzt muss nur noch das Wetter passen", sagt Ina Hübner ängstlich. Die letzten zwei Tage waren schlecht, es war kalt, hat immer wieder gegossen wie aus Kübeln und gestürmt. Bräutigam Konstantin will die Hochzeitszeremonie auf keinen Fall drinnen abhalten. Sonst sagen die Leute, das sei wieder einmal typisch, dass der Chef von einem Seminarhotel in einem Seminarraum heiratet. Das geht wirklich nicht.

Trotz gehobenem Ambiente wird es eine Trachtenhochzeit. „Das passt zu uns", sagt der Bräutigam. Das ist Tradition. Nur die Braut darf die schöne Ausnahme sein. Ihr weißes Brautkleid hängt schon bereit. Das ist auch Tradition. Natürlich hat *er* ihr Brautkleid vor der Hochzeit noch nicht zu Gesicht bekommen – noch eine Tradition. Und *sie* hat sein Hochzeits-Outfit aus allerfeinstem Zwirn wiederum noch nicht gesehen. Wird sie überrascht sein von der knielangen Lederhose und dem edlen hellgrauen, leicht seidig schimmernden Trachtenjackett mit passender Weste?

Kurz und gut: Alles fiebert dem großen Tag entgegen. Er lässt nicht lange auf sich warten, denn am nächsten Morgen ist er schon da! Bei strahlendem Sonnenschein wird um sechs Uhr früh ganz Payerbach von den Kreuzberger Prangerschützen mit Böllern aus dem Bett geschossen. Dabei waren sie gnädig, sagen sie einem Gast, als sie in ihren schönen Trachtengewändern in der Wirtsstube beim verdienten Bier sitzen. Traditionell wäre es schon um vier Uhr früh daran gewesen, die Braut mit den Böllerschüssen zu wecken. Sie muss ja schön zurechtgemacht werden für den wichtigsten Tag ihres Lebens. Alleine die Arbeit an der Brautfrisur dauert lange, wasserfeste Schminke (wegen der Tränen), Lippenstift – und was sonst noch alles. Aber die Braut ist diesmal so schön, sagt einer der Prangerschützen, da reichen auch ein paar Stunden weniger für das Zurechtmachen.

Als der Bräutigam in vollem Trachtenglanz in der Wirtsstube erscheint, gibt es ein großes Hallo und alle prosten ihm zu. Er muss gleich zum Fototermin und wird seine Braut zum ersten Mal im weißen Traumkleid sehen. Gegen Mittag machen sich auch die Prangerschützen wieder auf den Weg.

Wir sitzen im schattigen Gastgarten unter der riesigen Platane, die noch vom Großvater gepflanzt wurde und beobachten das bunte Treiben: Der Bräutigam fährt ab, Sachen werden verladen, die Prangerschützen nehmen die prächtig bestickte Fahne aus dem Glaskasten sowie die goldene Fahnenstange, tragen sie vorsichtig und legen sie in ein Auto. Um halb drei, wenn sich das Paar im zauberhaften Marienhof-Garten das Ja-Wort gegeben hat, müssen sie unter der wehenden Fahne in ihrer traditionellen Tracht mit ihren Schussgeräten parat stehen und Freudenschüsse abgeben. Zwei Polizisten kommen vorbei, grüßen freundlich und erkundigen sich nach dem Ablauf des Festes. Die Trachten-Schützen-Männer steigen ins Auto und fahren ab. „Es ist nie langweilig, im Gastgarten des Payerbacherhofes zu sitzen", sagt ein Wiener Gast neben uns. Er beobachtet interessiert und amüsiert das Kommen und Gehen und freut sich, dass es auf dem Land noch immer so zugeht, wie sich das ein Wiener vorstellt: „Bei so einer großen Hochzeit ist ja der ganze Ort auf den Beinen", fügt er hinzu. „Alle rennen wie aufgescheuchte Hendln durch die Gegend." Wir lachen. Irgendwie hat er recht. Er setzt fort: „Gut, dass die Prangerschützen ein alkoholfreies Bier getrunken haben!" Nicht, weil sie mit einem Bier nicht mehr Auto fahren könnten, aber auf dem Land seien ja alle miteinander verwandt oder eng befreundet. Und dann müsste der Enkelsohn seinem Großvater einen Strafzettel geben. Das würde ihm schon schwerfallen. „Prinzipiell aber", erklärt der kluge Wiener, „sollte es in jeder Familie einen Arzt, einen Polizisten und einen Anwalt geben. Das ist die neue Heilige Dreifaltigkeit, da kann einem fast nichts mehr passieren. Der Pfarrer hat früher ebenso dazugehört, der wurde aber in den Jahren schleichend durch den Anwalt ersetzt." – „So schlimm ist es bei uns auch wieder nicht", würde jetzt der Senior-Chef und Bräutigam-Vater Heinz Hübner sagen. Doch er hat keine Zeit. Er steigt mit seiner Familie (allesamt in schönen Dirndln und Trachtenjankern) und einigen Gitarren für das Hochzeitsständchen in den Bus und düst ab. „Ich sag's ja, wie aufgescheuchte Hendln", äußert sich der Wiener, steht auf und geht. Wir bleiben alleine mit einem Schlüsselkörbchen im Gastgarten zurück, um unsere Gruppe zu empfangen.

Das Hotel ist fast leer: „Geschlossen wegen Hochzeit." Ab und zu kommt noch ein aufgescheuchtes Personal – und verschwindet wieder. Um halb zwei ziehen ziemlich schwarze Wolken auf und es wird kühl. Bräutigam-Mutter Ina Hübner fürchtet, dass die Traum-Garten-Hochzeit in letzter Sekunde doch noch ins Wasser fallen könnte und in den nackten und nicht geschmückten Seminarraum verlegt werden muss. Da würden alle wieder sagen, das ist typisch, wenn der Chef von einem Seminarhotel in einem Seminarraum heiratet! Dabei wandeln alle Gäste schon im Garten und unterhalten sich prächtig. Aber der liebe Gott hat ein Einsehen gehabt: Eine halbe Stunde später ist die Sonne wieder hervorgekommen und hat sich der fröhlichen Hochzeitsgesellschaft von ihrer heitersten Seite gezeigt. So ist es doch noch eine Traum-Hochzeit geworden, wie es sich gehört für einen Hotelier! „Ein Hoch dem Brautpaar!“, rufen wir und stoßen an mit einem Glaserl Hochzeitswein.

Im Schatten von St. Jakob

Im Jahr 1094 erstmalig erwähnt, stammt der Name Payerbach von einem Bayern, der schon vor dieser Zeit am Bach, also der Schwarza, gesiedelt hatte. Darauf weist auch hin, dass die Kirche bis 1803 von Benediktinern aus dem bayerischen Kloster Formbach (heute: Vornbach) betreut wurde; in ihr sind noch gotische Reste zu finden. Die Kirche, auf einem Felssporn oberhalb des Dorfes errichtet und gut 500 Jahre alt, führt den Hl. Jakobus (den Älteren) im Patronat, was darauf hinweist, dass hier eine Station auf dem Pilgerweg nach Maria Zell liegt. Der Weg zur Magna Mater Austriae, einem hölzernen Gnadenbild, führte im Mittelalter über das Preiner Gscheid, bevor der Semmering ihm als Passübergang den Rang abgelaufen hat. Auch der sogenannte Marienweg nach Maria Zell, von dem viele Teilstrecken in Schwarzau im Gebirge zusammenlaufen, führt über Payerbach und das Höllental.

Von der Schallluke des Kirchturms könnte der Herr Pfarrer direkt hinunter ins Payerbacher Bad schauen und beobachten, ob dort unten alles immer ordentlich und sittsam zugeht. Das geruhsame Bad am Ufer der Schwarza trennt den Kurpavillon vom Kurpark. Die filigranen, laub- oder stichsägeartigen Verzierungen des Pavillons erinnern fast an orientalische Ornamentik.

Für diese Art von Verzierung waren die Zimmerermeister der Gegend bekannt, auch der Reichenauer Kurpavillon wurde von einheimischen Zimmerermeistern gestaltet. In und auf dem Platz vor ihm, mitten im Ort, finden heute noch viele Feste und Veranstaltungen statt, etwa ist der im Tal bekannte Jakobi-Kirtag mit seinem Krammarkt hier beheimatet. Da wuselt es von Menschen, die an den Buden und Ständen schauen, ob sie noch etwas brauchen können – oder eine Brotzeit mit einheimischen Schmankerln machen. Auch das Café Alber, in dem man den bekannten Reichenauer Sisi-Zwieback erwerben kann, liegt gleich gegenüber an der wenig befahrenen Straßenkreuzung. Vom Steg am Ufer der Schwarza legten vor 100 Jahren die Gäste zu Ruderpartien oder Gondelfahrten, auch nächtlichen Lampionfahrten ab und träumten sich in ein sorgloses Sommerfrischler-Dasein.

Im Kurpark daneben ist die Nachbildung eines Schweizerhauses zu sehen, eine der wesentlichen Architekturformen der Gegend zwischen Rax und Semmering im Fin de Siécle. Über eine alte Wetterstation, die immer noch zuverlässig über Sonne und Regen und die Temperatur Auskunft gibt, spaziert man unter alten Bäumen zu den Tennisplätzen, die auch dazumal schon viele Sommerfrischler auf den roten Sand gezogen haben. Kurz dahinter führt eine Fußgängerbrücke im Schatten des Viadukts über die Schwarza, unter dessen ersten Bogen, kaum 100 Meter weiter, das „Vinodukt" untergebracht ist. Gefangen von einem Film, der an Decke und Wänden die Eisenbahnfahrt ans Mittelmeer, also fast aus dem Abteilfenster schauend, nachvollzieht, kann man Weine aus allen Anbaugebieten entlang der Strecke bis Triest probieren. Ein Reisegenuss ganz anderer Art, der manchen Gast zu einem Glaserl mehr verleitet. Auf der Rückseite begrenzt den Kurpark eine Straße, an der sich sehenswerte Villen aus der Wende vom 19. zum 20. Jahrhundert reihen.

Payerbach ist immer im Schatten von Reichenau und dem Mythos seiner habsburgischen Gäste gestanden. Dafür war es hier, nur eine Busstation von Reichenau entfernt, und in den anderen Orten der nahen Peripherie nicht nur billiger, sondern – ausschlaggebend für manche Ruhesuchende, die Abstand vom Getriebe der Großstadt gewinnen wollten – ruhiger und ländlicher. Und dies, obwohl es in Payerbach seit alters her Bergbau gegeben hatte. Nicht im großen Stil, eher regional von Bedeutung, weswegen im Jahre 1907 die Verhüttung eingestellt wurde. Im Schaubergwerk Grillenberg kann man sich heute noch bei fachkundiger Führung über den Bergbau in der Region informieren.

Zwei virtuelle Sehenswürdigkeiten

Vom Payerbacherhof über die Schwarza-Brücke und hier gleich links trifft man nach etwa vier Kilometern auf Schloss Mühlhof. Im 14. Jahrhundert wohl ein adeliger Landsitz mit Meierhof, Mühle und Säge, im 19. Jahrhundert dann zu einem Schloss ausgebaut, wechselte es verschiedene Male den Eigentümer, ist heute in Privatbesitz und in Wohnungen aufgeteilt. Zu Seiten dieses Schlosses waren einst zwei Bauwerke errichtet worden, die es heute nicht mehr gibt, aber wegen ihrer einstigen Bewohner dennoch bemerkenswert sind.

1889 traf das Kaiserhaus ein großes Unglück: Kronprinz Rudolf, der einzige Sohn des Kaisers und Thronfolger, beging Selbstmord und riss seine junge Geliebte Mary Vetsera mit in den Tod. Die Habsburger taten alles, um diese Tragödie zu vertuschen. Helene Freifrau von Vetsera, die Mutter, erhielt 800 000 Gulden Schmerzensgeld und Entschädigung für ihren Verlust, ein nicht geringes Vermögen. Seit dem Tod ihrer Tochter aber, man gab Mary wohl eine Mitschuld an der Tragödie, wurde die

Mutter vom Wiener Hofadel gemieden. Sie kaufte deshalb, weg von Wien, in Payerbach westlich von Schloss Mühlhof ein altes Landhaus und ließ es von den französischen Architekten, die bereits für Schloss Rothschild, also mit gewissen Vorurteilen belastet, tätig gewesen waren, zu einer modernen Landvilla nach englischem Vorbild um- und ausbauen. Mehr als 20 Jahre lebte sie hier, ihre Mildtätigkeit wurde von den Einheimischen hochgeschätzt; heute liegt sie am Payerbacher Friedhof begraben.

„Die alte Baronin Vetsera, hexenhaft, uralt, mit dem Rad durch die Herbstlandschaft geisternd, am Zaun des Kurhausparks vorbei. Mehr als 30 Jahre – dass sich der Kronprinz mit ihrer Tochter umbrachte – mit den Habsburgern ist's vorbei – sie radelt noch durch das alte Revier."

Arthur Schnitzler, der nach dem Untergang der Monarchie noch einmal Reichenau besucht hatte, durch ein Meer von Erinnerungen spazierend; Ausschnitt aus einem seiner Tagebucheinträge (1942)

Heute kümmert das Landhaus der Helene Vetsera, das als Muster für die zwischen Stadt und Land changierende Bauweise der gesamten Gegend gelten konnte, als verfallene Ruine vor sich hin. Nur das Pförtnerhaus, 1894 im Stil eines Bahnwärterhauses erbaut, steht noch.

Gar nichts mehr zu sehen, wiewohl für viele heutige Freunde des Kaiserhauses von noch größerer Bedeutung, ist von einem anderen hochherrschaftlichen Landsitz. Der Deutschamerikaner, Lebemann und Journalist Eduard Warrens hat sich einst nahe des Schlosses Mühlhof, das er 1850 ankaufte, eine Villa im englischen Tudor-Stil erbauen lassen. Er war vom Innenministerium beauftragt worden, den Bau der Semmering-Bahn journalistisch zu begleiten – bei der Bedeutung von Zeitungen war das gerade für die revolutionären Bewohner der Hauptstadt von eminenter Bedeutung. Später vermietete er seine Villa an

den amerikanischen General William Tecumseh Sherman, bekannt als Haudegen aus dem amerikanischen Sezessionskrieg, anschließend an Kaiserin Elisabeth.
Sisi kannte Payerbach und Reichenau noch von den Sommeraufenthalten ihrer Kinder, war oft in Schloss Wartholz zu Besuch und hatte sich bereits vergeblich um den Kauf von Schloss Mühlhof bemüht. Für das Jahr 1873 suchte sie eine Sommerfrische, relativ abgeschieden vom Gewese des Kaiserhofes: Ihre Wahl fiel auf die Villa Warrens. Es war das Jahr der Wiener Weltausstellung, die Stadt sollte viele tausend Besucher empfangen, darunter sehr viele hochmögende Gäste. Sisi wollte diesem Trubel entgehen, aber nahe genug der Hauptstadt, um bei Bedarf schnell vor Ort sein zu können. Dies war notwendig, als der Schah von Persien zur Weltausstellung anreiste und darauf bestand, nicht eher wieder abzureisen, bevor er nicht die schönste Frau Europas, Kaiserin Elisabeth, gesehen habe. Sisi musste in den sauren Apfel beißen. Der Schriftsteller Joseph Roth hat in seiner *Geschichte von der 1002. Nacht* diese Episode in einer Erzählung verarbeitet. Sie ist in jedem Fall als Ferienlektüre zu empfehlen, auch weil er mit Ironie tiefe Einblicke in das Leben der obersten Gesellschaftsschichten der damaligen Zeit gibt.

Sisis Flucht

Sisi hatte genug von der Weltausstellung in Wien. Es war zwar schon sehr beeindruckend damals, im Jahr 1873, als zum ersten Mal gezeigt wurde, dass man eine Stadt mit elektrischem Strom beleuchten kann und dem technischen Fortschritt auf allen möglichen Ebenen gehuldigt wurde. Aber das dauernde Repräsentieren strengte die österreichische Kaiserin furchtbar an – um nicht zu sagen, es hing ihr einfach zum Halse heraus! Sie musste das deutsche Kronprinzenpaar begrüßen, was sehr viel

Feingefühl erforderte, weil Kronprinz Friedrich Wilhelm und der Kaiser eigentlich alte Feinde waren. Kaum war das erledigt, stand der Fürst von Montenegro vor der Tür. Eine Hofdame hat in ihrem Tagebuch geschrieben, er sah aus wie ein schöner Räuberhauptmann. Man weiß nicht, was die schöne Sisi von ihm gehalten hat. Jedenfalls kam nach dem Fürsten der russische Zar mit einem Gefolge von 70 Leuten. Das Begrüßungsprotokoll musste natürlich immer genauestens eingehalten werden: Sisi reichte dem Zaren die Hand zum Kusse, die Großfürstin musste umarmt und geküsst werden, die Damen der Begleitung wurden mit leichtem Kopfnicken begrüßt und der Rest des Gefolges musste ignoriert werden. So streng war das alles geregelt. Der englische Kronprinz Edward allerdings hat sich bei seinem Besuch überhaupt nicht an das Protokoll gehalten, da musste extrem improvisiert werden, weil er überall zu spät kam. Außerdem hat er einfach mit einem Stuhl ein Fenster eingeworfen, weil ihm heiß war. So ein Rabauke! Die deutsche Kaiserin Augusta wusste wenigstens wieder, was sich gehört. Aber nach dem Besuch der spanischen Königin Isabella hatte Sisi wirklich genug – sie flüchtete in die Sommerfrische nach Payerbach! Der Rückzugsort in der Villa Warrens, die aussah wie ein kleines Schlösschen mit hübschem Garten und ausgedehnten Spazierwegen, war genau das Richtige für die gestresste Kaiserin. Noch anstrengender als das Repräsentieren war für Elisabeth nämlich, dass sie zur damaligen Zeit als die schönste Frau der Welt galt. Alle möglichen Menschen nutzten den Besuch der Weltausstellung, um nebenbei noch zu schauen, ob die österreichische Kaiserin wirklich so schön war, wie man sich erzählte.

Das war eine große nervliche Belastung für die arme Sisi – aber in der Payerbacher Sommerfische konnte sie das alles vergessen. Sie rannte schon in aller Hergottsfrüh mit offenen, flatternden Haaren, nur einen weißen Morgenmantel über ihr durchsichtiges Seidennachthemd geworfen, hinaus in den schönen

Garten, vorbei an dem hübschen Springbrunnen bis hinunter zum Forellenteich. Dort streifte die Kaiserin ihre Kleider ab und schwamm, so wie Gott sie erschaffen hatte, eine Runde im erfrischenden Wasser. Manchmal, an trüben Tagen, da schnappte sie frühmorgens schon die Angelroute und fischte ein paar Forellen für das Abendessen aus dem Teich. Das Fischen hat sie ja von ihrem geliebten Papili in Bayern gelernt. Dass Sisi ihren Vater so genannt hat, wissen wir nur aus den Romi-Schneider-Filmen – aber das ist nicht so wichtig. Viel interessanter ist, was die Lokalhistoriker-Spatzen von den Dächern pfeifen: dass der Klatsch-und-Tratsch-Mann Nummer eins, Gyula Graf Andrássy, zur selben Zeit in Reichenau weilte wie unsere skandalumwitterte Sisi! Dazu muss man wissen, dass Graf Andrássy ursprünglich ein Feind von Kaiser Franz Joseph war, denn er hatte während der Revolution 1848 gegen die kaiserlichen Truppen gekämpft. Zur Strafe war er vom Kaiser zum Tode durch den Strang verurteilt worden; glücklicherweise war er zu diesem Zeitpunkt aber schon nicht mehr in Wien. Er war längst über alle Berge geflüchtet, erst nach London und dann nach Paris. In Wien hat man überlegt, was man machen soll, wenn der zu Erhängende nicht da ist. Lange hat es aber nicht gedauert, bis eine Lösung gefunden war: In einem feierlichen Festakt wurde ein Bild von Andrássy an den Galgen genagelt. Somit galt er als „pro-forma-erhängt"! In Wien war man eben sehr kreativ, was solche Dinge anbelangt, und in Paris nannte man Andrássy deswegen den „schönen Erhängten". Zum einen war er nämlich wirklich ein äußerst gutaussehender Mann und ein Charmeur sondergleichen, zum anderen war er in der feinen Gesellschaft allerorten bekannt, sprach sieben Sprachen und bewegte sich auf dem glatten diplomatischen Parkett sehr gewandt. Das führte dazu, dass er später wieder begnadigt wurde und mit seiner Delegation nach Wien eingeladen war, um Gespräche über die österreichisch-ungarischen Beziehungen zu führen. Zu diesem Empfang kleidete er sich in knallenge goldene Hosen, die in ebenfalls goldenen Reiterstiefeln mit Sporen steckten. An der Hüfte hing ein Krummsäbel mit goldenem Knauf, auf den wilden schwarzen Locken trug er eine Pelzmütze mit einem riesigen Edelstein und noch einer Feder oben drauf. Aber das war noch längst nicht alles: Auf der rechten Schulter hing ein mit Edelsteinen bestickter Umhang und auf der linken ein Tigerfell mit Kopf! Andrássy sah offenbar dermaßen beeindruckend aus, dass bei seinem Anblick einige Hofdamen ohnmächtig wurden und mit Riechfläschchen wieder zu sich gebracht werden mussten. Sisi hatte damals die Aufgabe, die ungarische Delegation zu empfangen und sah nicht minder umwerfend aus in ihrem ungarischen Galakleid mit weit ausladendem schwarzem Reifrock und brilliantverziertem Mieder. Mit einer Diamantenkrone auf ihrem kunstvoll geflochtenen Haar stand sie unter einem Baldachin für den Empfang bereit. Sie war 28 Jahre alt und Berichten zufolge auf dem Höhepunkt ihrer Schönheit. Damals haben es die Hofdamen-Spatzen von den Dächern gepfiffen, dass sich die beiden auf den ersten Blick ineinander verliebt haben. Das Gerede war so groß, dass Andrássy auf Schritt und Tritt beobachtet wurde, wenn er später in Wien zu Gast war, damit er ja nicht heimlich die Kaiserin treffen konnte.

Umgekehrt, wenn sich Sisi in Ungarn aufgehalten hat, war das viel unkomplizierter: Sisi hat sich dort frei und unbeobachtet gefühlt, hat sich beispielsweise als Mann verkleidet und ist in Hosen ausgeritten – statt im Reitkleid und Damensitz. Sie dachte, das merke keiner. Natürlich wussten es alle, nur dem Kaiser hat man es nicht weitererzählt. Die Verhandlungen für den Österreichisch-Ungarischen Ausgleich waren Elisabeths einziges politisches Engagement und sie war deswegen oft alleine in Ungarn. Der Kaiser verweilte in Wien, die Frau von Andrássy in Paris und die beiden Verliebten konnten ungestört miteinander verhandeln. Später hat Elisabeth in einem ihrer Gedichte über Andrassy geschrieben: „Gedenkend jener Zeit, die wir so innig und vertraut verkoseten zu zweit.“ Das ist doch schon verdächtig, oder? Die Ungarn erzählen, dass Andrássy zum Verhandeln direkt in das Schlafzimmer der Kaiserin gestürmt sei, wo er von ihr natürlich schon sehnsüchtig erwartet wurde. Er habe sich dann sein Tigerfell von der Schulter gerissen, es auf den Parkettboden geschleudert, wo das Gebiss noch ein paarmal geklappert hat – und sich dann voller Leidenschaft auf die Kaiserin gestürzt! Ob sich das so wirklich ereignete, lässt sich nicht wirklich beweisen.

Was aber stimmt, ist, dass Sisi kurz nach dieser heißen Verhandlungsweise schwanger war. Sie hat immer von ihrem „ungarischen Kind“ gesprochen, was die Gerüchteküche natürlich noch mehr angeheizt hat. Auf jeden Fall stimmt, dass Sisi und Andrássy sich zur gleichen Zeit in Payerbach-Reichenau aufgehalten haben. Im Tohuwabohu der Weltausstellung scheint das völlig untergegangen zu sein. Die beiden konnten sich ungestört treffen. Und das haben sie ziemlich sicher auch getan. Wahrscheinlich hat Sisi ihren Andrássy zum Forellenessen eingeladen und mit ihm einen schönen Abend verbracht – vielleicht auch eine schöne Nacht, oder zwei! Wer weiß das schon? Man fragt sich nur, was sie sonst für einen Grund gehabt haben soll ihren Sohn abzuweisen, als er damals bei ihr in der Villa übernachten wollte. Kronprinz Rudolf, auf einer Durchreise, stand nämlich eines Nachts mit einem Gefolge von 70 Leuten vor der Tür. Seine Mutter habe erwidert, dass kein Platz sei – und so musste Rudolfs Oberst die ganze Umgebung abklappern und eine Schlafstelle für den Kronprinzen suchen. Nirgends war etwas zu finden, einzig im Payerbacherhof war noch ein Platz frei. Auf diese Weise ist das Hotel zu einem berühmten Gast gekommen.

Doch recht lange hat die romantische Idylle in Payerbach sowieso nicht angehalten. Andrássy musste nach Wien und während der Weltausstellung wichtige Leute treffen. Auch er hatte natürlich einen ganzen Haufen Verpflichtungen. Die schöne Sisi wollte sich eigentlich erst nach der Weltausstellung wieder in Wien blicken lassen. Aber der Schah von Persien hat ihr da einen Strich durch die Rechnung gemacht, wie wir bereits eingangs notiert haben: Er war mit einem riesigen Gefolge, Haremsdamen, einer Hammelherde und Dutzenden von Pferden angereist und fand es unmöglich, dass die Kaiserin nicht anwesend war. Dabei hatte er sogar vier Gazellen als Geschenk für sie dabei, weil ihm erzählt wurde, dass die Kaiserin so tierlieb war. Der Schah war bisher noch nie in Europa gewesen und nicht daran gewöhnt, dass etwas nicht nach seinem Willen geschah. Für den armen Kaiser war es auch nicht einfach, denn zur Führung durch die Weltausstellung geruhte der hohe Gast erst vier Stunden nach dem vereinbarten Zeitpunkt zu kommen. Der Astrologe des Schahs fand, die Sterne stünden für den veranschlagten Zeitpunkt der Führung nicht so günstig, weshalb der den Kaiser samt Blasmusikkapelle und Empfangskomitee einfach ein paar Stunden warten ließ. Andrássy war übrigens auch anwesend und wartete geduldig, bis der hohe Gast zu erscheinen geruhte. Als der Kaiser dann den Schah endlich durch die Weltausstellung führte, war dieser nur mäßig interessiert. Er machte aus seiner Enttäuschung darüber, die Kaiserin nicht zu sehen, keinen Hehl. Und als der Schah im persischen Pavillon eine Pause machte, da bat er ausgerechnet Andrássy, ihm die österreichische Kaiserin zu beschreiben! Natürlich wusste der Schah nicht, dass dieser Sisi unauffällig vor ein paar Tagen noch in Payerbach gesehen hatte. Anscheinend hatte der ungarische Graf aber so begeistert von der schönen Elisabeth geschwärmt, dass der Schah verkündete, er werde nicht abreisen, bevor er nicht die österreichische Kaiserin zu Gesicht bekommen hat. Elisabeth hat sich gewehrt bis zum Letzten, sagte der Überlieferung nach, sie wäre doch kein Ausstellungsstück! Aber es blieb ihr keine Wahl. Die Kaiserin musste zur Abschiedssoiree erscheinen, sonst wäre der Schah auch nicht erschienen und schon gar nicht abgereist. Elisabeth warf sich in Schale und empfing den Schah in einem märchenhaften Silberkleid. Ihre Hofdame Marie Festetics schrieb später in ihr Tagebuch, dass sie die Kaiserin selbst noch nie so schön gesehen habe und schildert ausführlich, wie dem Schah bei ihrem Anblick die Kinnlade vor Staunen heruntergeklappt sei. Er ging demnach ganz nah zu ihr hin, packte seine Augengläser aus und begutachtete die Kaiserin wie mit einer Lupe, ganz ausführlich von oben bis unten. Und, es ist kaum zu glauben, aber der Schah von Persien, der mit 25 Frauen verheiratet war, 14 Söhne hatte und eine nicht bekannte Anzahl von Töchtern, der außerdem, wie man im Volk munkelte, 365 Frauen in seinem Harem versammelte, für jeden Tag eine – dieser Schah von Persien befand die österreichische Kaiserin für die schönste Frau der Welt! Was für ein Erfolg. Der ganze Wiener Hof war außer sich vor Begeisterung über dieses Urteil. Endlich konnte der Schah in Ruhe abreisen. Kurz vorher unterhielt er sich noch mit Andrássy und nannte in diesem Gespräch Elisabeth eine Göttin. Nach Berichten der Hofdame sagte er wortwörtlich, wie es Marie Festetics in dem von Gudula Walterskirchen und Beatrix Meyer herausgegebenen Tagebuch notiert: „Die schönste Frau, die ich je gesehen habe. Sie wissen." Als Andrássy wissend nickte, schwärmte der Schah demzufolge weiter: „Diese Vornehmheit, diese Grazie, die Schönheit ihres Lächelns! Wenn ich jemals wieder hierher zurückkehren könnte, es wäre einzig, um ihr meine Bewunderung zu erweisen." Die beiden Männer scheinen sich in ihren Ansichten über die österreichische Kaiserin sehr einig gewesen zu sein. Und die Leute munkeln heute noch, die schöne Sisi sei der Grund gewesen, dass der schöne Andrássy damals seine Sommerfrische ausgerechnet in Payerbach-Reichenau verbrachte. Es passiert sehr, sehr selten – aber manchmal kann das Leben wie im Märchen sein.

Auch in den folgenden Jahren konnte man die Kaiserin immer wieder beim Forellenfischen beobachten. Sie ließ sie sich zudem ständig größere Mengen des berühmten Reichenauer Zwiebacks kommen, dessen feinen Anisgeschmack sie liebte. Später bestellte ihre Tochter Gisela gleichfalls den Zwieback und ließ den bayerischen Verwandten ein größeres Quantum zukommen. Dieser Zwieback wird seit mehr als 100 Jahren von der bereits erwähnten Konditorei Alber hergestellt und in ihren Konditorei-Cafés in Payerbach und Reichenau verkauft.

Am Mühlhof vorbei und am Ende der Straße rechts kommen wir nach Küb, dessen alte Poststation heute als Museum dient (siehe Seite 22). Der kleine Ort war um die Jahrhundertwende als Sommerfrische etabliert, die Bauern vermieteten ihre Höfe als Ferienwohnungen und schliefen selbst in Stall oder Scheune. Der Ingenieur Attilio Rella erbaute 1903/04 die Villa Küberhof und, nahebei, das Hotel Kastell, das auch über einfache Touristenzimmer verfügte. Seine herrschaftliche Villa Pavillon war, wenigstens teilweise, aus vorgeformten Betonteilen errichtet. Es heißt, sie sei vorher auf der Pariser Weltausstellung gestanden, dann abgebaut und in Küb wieder aufgebaut worden – als eines der ersten Beispiele für Fertigbau.

Feine Unterschiede

Die Reichenauer gelten im Vergleich zu den Payerbachern als viel vornehmer, hat uns der Hobby-Historiker Norbert Toplitsch einmal erzählt. „Zumindest glauben sie das!“, fügte der eingefleischte Payerbacher mit einem Augenzwinkern hinzu. Wahrscheinlich deshalb, meinte er, weil die Kaiserfamilie dort ihr Schloss erbaut hat, das streng genommen als Villa bezeichnet werden muss. Und weil Kaiser Franz Joseph und Sisi oft im Thalhof gewohnt haben. Oder weil, nicht zu vergessen, die kaiserlichen Kinder in Reichenau ihre Sommer verbracht haben. Heute gibt es die Reichenauer Festspiele, für die die Wiener High Society extra herausgefahren kommt. Der prächtige Kurpavillon und die vielen Villen sind schon so selbstverständlich, dass man vergisst, sie anzuführen. Gründe gibt es da viele. Payerbach hat nur den Bahnhof, von dem aus alle irgendwo hinfahren. Die wenigsten bleiben direkt im Ort – obwohl sich das lohnt, wie wir finden. Es gibt schon zu denken, wie schnell sich die Zeiten dann doch ändern, denn im Jahr 1851 war mit der Zug-Haltestelle der kleine Ort schlagartig Dreh-und Angelpunkt für alle weiteren Fahrten geworden. Egal ob Arbeiter, der am Bahnbau beteiligt war, oder Kaiser, der mit seinem Salonwagen kam und weiter auf die Jagd fuhr: Um Payerbach kam man einfach nicht herum, wenn man auf den Semmering, auf die Rax oder sonst wohin wollte. Der Ort gewann rasend schnell an Bedeutung. Die Südbahngesellschaft bezeichnete Payerbach um 1900 herum sogar als die „größte Touristenstadt Österreichs und vielleicht der gesamten Alpenländer." Das kann man sich heute gar nicht mehr vorstellen! Angeblich sind an den Wochenenden ganze „Völkerwogen" aus den Zügen herausgequollen und haben Payerbach überflutet, um am Montag wieder zurückzukehren in die stinkende Millionenstadt, wo sie, wie die Werbeschrift versichert, „wieder wochenlang träumen von tosenden Bergwassern, schauerlichen Abgründen, lieblichen Herdengeläut und fröhlich jauchzendem Echo der Felswände". Ist das nicht schön? Da hat sich bis heute kaum etwas geändert. Es lohnt sich wirklich, auch in Payerbach ein wenig länger zu verweilen. Die Payerbacher haben nämlich keineswegs nur den Bahnhof, sondern auch ein sehenswertes Viadukt mit einem eingebauten Vinodukt, wo man – nomen est omen – Wein verkosten kann. Es gibt schöne Brücken mit Jugendstil-Geländer, eine sehenswerte Kirche mit einem ebenso sehenswerten Mammutbaum, eine gute Konditorei, ein Hotel zum Wohlfühlen,

beeindruckende Villen und einen – den Reichenauern ebenbürtigen – Kurpavillon. Der steht im Kurpark, der wiederum eine Zeit lang auch sehr vornehm war und von 1917 bis 1919 nach der allerletzten ihres Standes in Österreich „Kaiserin Zita-Park" genannt wurde. Jetzt heißt er wieder Kurpark.

Und wenn wir schon bei der Zita sind, müssen wir gleich das Historische Postamt in Küb erwähnen. Von Payerbach aus lohnt ein Spaziergang nach Küb sowieso, der dauert vielleicht eine halbe, dreiviertel Stunde. Mit dem Zug sind es nur ein paar Minuten. Auch mit dem Fahrrad ist man gleich dort. Ein Besuch des historischen Postamtes Küb, das ein kleines, feines Museum beherbergt, lohnt sich doppelt. Dort kann man von der ersten Legende lesen, die sich um Zita rankt: Sie führt in eine Zeit zurück, als die letzte Kaiserin noch keine letzte Kaiserin war, sondern eine ganz normale Prinzessin: Auf ihr Verlangen hin soll in der kleinen Gemeinde Küb die erste „Telephonstelle" eingerichtet worden sein. Dafür hat es einen triftigen Grund gegeben: In ihrer Kindheit war die kleine Zita mit ihrer Familie oft in Wartholz zu Besuch bei der Tante, der Erzherzogin Maria Theresia. Es war aber offensichtlich nicht genug Platz in Wartholz, um die aus Irland stammende, sehr warmherzige Erzieherin und Englischlehrerin Miss Bride Casey unterzubringen, weswegen Zitas „vertraute Bedienstete" kurzerhand in Küb einquartiert wurde. Das war für das Mädchen alles andere als toll, denn es konnte sich am Abend, zur Schlafenszeit, nicht mehr mit ihr unterhalten. Also verlangte die verwöhnte Prinzessin, dass man einen Telefonanschluss herstelle, um wenigstens mit der ihr so lieben Miss Bride telefonieren zu können. Ja – und so hat das kleine, unbedeutende Küb eine überaus wichtige „Telephonstelle" bekommen. Niemand im Ort weiß aber, ob sich diese Geschichte auch wirklich so zugetragen hat. Nicht einmal der Historiker Christoph Rella kann das sagen, obwohl er ein ganzes Buch über die Post geschrieben hat und allen Hinweisen nachgegangen ist.

Fotos:
vorangehende Doppelseite: Eindrücke aus dem Historischen Postamt Küb in der Gemeinde Payerbach.

Und noch etwas: Wenn man im historischen Postamt die beeindruckenden Apparaturen und die Einrichtung bestaunt, wird recht schnell klar: Mit 9 Villen, 20 Hotels und Pensionen sowie 17 Sommerwohnungen in Bauernhäusern kann der Ort gar nicht so verschwindend klein gewesen sein, wie es heute den Anschein hat. Da ist es ja logisch, dass so ein Touristenort ein Postamt braucht. Vor allem, wo alle Reservierungen damals entweder schriftlich oder telefonisch erfolgt sind. Es war ziemlich unpraktisch, wegen jedem Telefonat oder Brief nach Payerbach oder Reichenau laufen zu müssen. Und natürlich war bei so viel Gästeaufkommen auch eine eigene Bahn-Haltestelle notwendig, die nach großem Hin und Her dann endlich 1899 eröffnet wurde – und wieder einen neuen Schub brachte. Am prägnantesten und größten war die Hotelkolonie „Kastell Küb“ des Bauunternehmers Attilio Rella. Ein wirklich riesiger Komplex, der schon zeigt, dass man mithalten wollte – mit den ganz Großen am Semmering. Der Inhaber war ein direkter Vorfahre unseres bereits erwähnten Historikers Christoph Rella. Seine Urgroßmutter Camilla Rella muss eine sehr beeindruckende Frau gewesen sein, denn während ihr Ehemann von 1914 bis 1917 als Artillerieoffizier im Krieg war, führte sie das Hotel ganz alleine. In dieser Zeit schrieben sich die beiden hunderte von Briefen, die man heute – ediert und kommentiert – nachlesen kann; sehr empfehlenswert auch deswegen, weil sie tiefe Einblicke in das Hotelleben jener Zeit geben und gleichzeitig eine herzerfrischende Liebesgeschichte erzählen. Dass Camilla sehr resolut sein konnte, zeigt ihr verärgerter Ton in einem Brief von 1908 an ihren Gatten, in dem sie über einen Streit mit einer Hofrätin schreibt: „Sie soll nur zum Panhans gehen, die sechs Kronen täglich sind [es] nicht wert, dass ich mich so ärgern und aufregen soll.“

Sehr geschäftstüchtige Hotelier-Frauen sind übrigens ebenso in der Prein zu finden. Weswegen es sich auch heute noch lohnt, in die Prein zu fahren oder drei Stunden zu Fuß hinzugehen. Schon alleine wegen dem guten Essen – und unterwegs kann man in den Schwimmbädern ja erfrischende Pausen einlegen: vor dem Weggehen schon in Payerbach ins kühle Nass springen, ebenso in Reichenau und später noch einmal in Edlach. Dann schmeckt das Essen gleich dreimal so gut. Außerdem zeichnet die Preiner und Preinerinnen auch eine vornehme Komponente aus, weil sie ja immerhin den Kaiserhof haben, in dem wirklich der allerletzte Kaiser von Österreich, Karl I., übernachtet haben soll. (Das war der Mann von der Zita, die lieber in Payerbach spaziert ist.) Heute trifft man dort vorwiegend Wanderer, die auf die Rax wollen oder auf einen der vielen Berge rundherum. Die Dichterberühmtheit Heimito von Doderer interessiert von den Gästen kaum jemanden. Zu Doderer-Zeiten gehörte das Hotel übrigens der sehr geschäftstüchtigen Witwe des verstorbenen Besitzers Andreas Engelhart. Schon zu Lebzeiten ihres Gatten hatte sich die Frau in einen interessanten Gast des Kaiserhofes, den Hofopernsänger Josef Draxler, verliebt. Ob die beiden damals schon ein Techtelmechtel miteinander hatten, weiß man heutzutage nicht so genau. Das Gerede war aber riesengroß, sogar Doderers Vater war der interessante Klatsch zu Ohren gekommen. Im Grunde also wusste jeder darüber Bescheid. Nach dem Tod des Hotelbesitzers heiratete die Witwe ihren Hofopernsänger immerhin, was finanziell gesehen natürlich nicht von Nachteil war. Denn Frau Draxler überlebte auch ihren zweiten Mann, erbte von ihm die neu erbaute „Villa Draxler“ und noch zusätzlich ein beträchtliches Vermögen.

Das wissen wir alles von Heimito von Doderer, der es wiederum von seinem Vater weiß und fein säuberlich in seinem Tagebuch notiert hat. Er schreibt: „Frau Traxler (sic!) war eine ganz hervorragende Preiner Figur, die sich als Witwe durch Geschäftstüchtigkeit bald in den Besitz aller erdenklichen Liegenschaften in Prein und Umgebung zu setzen wusste." Ihre Tochter nennt Doderer „die schöne Traxler-Mizzi" und schreibt, dass sie seinerzeit in der Prein jedermann bekannt gewesen war. Sein Vater hatte ihm auch erzählt, dass die Mizzi eigentlich aus erster Ehe stammte, also die Tochter des verstorbenen Hotelbesitzers Engelhart war. Wenn's wahr ist! Dass Vater und Sohn Doderer solche Tratsch-Onkeln sind, hätten wir wirklich nicht gedacht … Die schöne Mizzi hatte später ihrerseits zwei Töchter, von denen laut Doderer wiederum „besonders die ältere sich durch große Schönheit bemerkbar macht." Zu der Zeit, als Doderer aus der russischen Kriegsgefangenschaft zurückkehrte, gehörten die beiden wohlhabenden, um nicht zu sagen reichen Schwestern bereits zu den „hervorragenden Preiner Figuren", wie der Schriftsteller es so schön auszudrücken wusste: „Sie treten als ‚Damen' auf und nicht als einheimische Preinerinnen, sie machen nicht irgendwelche bäuerliche Arbeiten, haben das auch nicht notwendig." Darüber hinaus fällt ihm auf, dass die beiden trotzdem keine Kontakte zu den Sommergästen pflegten, auch nicht zu den niedergelassenen reichen Wienern – zu denen gleichsam die Familie Doderer zählte. Dennoch gibt es ein Foto, da sitzt Doderer mit den beiden feinen Preinerinnen kaffeetrinkend in einem Gastgarten. Über diese Begegnung hat er in seinen Tagebüchern leider nichts geschrieben. Es hätte uns sehr interessiert, welchen Eindruck die Schwestern auf ihn gemacht haben.

Im Gegensatz zu den feinen einheimischen Preinerinnen stürzten sich manche Sommergäste, darunter richtig vornehme Damen, mit regelrechtem Vergnügen in die bäuerlichen Arbeiten und halfen auf den Bauernhöfen gerne mit. So auch die beiden Schwestern Gustava und Hessa Bergholz. Mit großer Freude kleideten sich die beiden wie Bauernmädchen und verrichteten eifrig alle möglichen Arbeiten. Doderer beschreibt, wie einmal, als er mit einem Freund die Hochstraße zum Preiner Gscheid hinaufging, ein „Dirnderl" bei einer kleinen Herde stand und Kühe hütete. Als Doderer seinem Freund das Mädchen als Gustava Bergholz vorstellte, war dieser „einigermassen erstaunt, in der Kuhhirtin eine Dame zu finden." Amüsiert bemerkte er, dass die beiden Preiner Bauerntöchter wie Damen leben und umgekehrt die beiden Wiener Damen-Schwestern sich „ganz und gar wie Bäuerinnen" benehmen würden. So kann es passieren, dass die Preinerinnen unter Umständen noch vornehmer sind, als die sommerfrischelnden, spazierenschwimmenden Wienerinnen.

Das Looshaus

Entlegen, aber doch über die neu angelegte Straße auf den Kreuzberg mit Payerbach verbunden, hat sich der Lebensmittelfabrikant Paul Khuner – die berühmte Mayonnaise wird heute noch verkauft – von Stararchitekt Adolf Loos einen Landsitz planen lassen. Ganz auf repräsentative Wirkung verzichtend, ist er auf die familiären Bedingungen der Auftraggeber zugeschnitten. Das spürt man bereits, wenn man das Haus durch die einfache, fast ein wenig enge Diele betritt. Zentraler Raum ist die Wohnhalle, zweistöckig, mit einem riesigen Panoramafenster hinaus auf Rax und Schneeberg. Hier ist gut sitzen, schmausen und unterhalten. Im Sommer lädt auch eine Terrasse zum Verweilen ein. Zum Rückzug steht, zwei Treppen tiefer, aber direkt mit der Wohnhalle verbunden, eine intime Bibliothek zur Verfügung. Die Räume der Familienmitglieder, heute Gästezimmer, haben Zugang über die Balustrade im oberen Stock. Heute ist das Looshaus ein Gasthof mit Fremdenzimmern und hält jeden Vergleich mit hochdekorierten Häusern aus. Die Küche ist exquisit, Platzreservierung fast immer erforderlich. Wie sehr Adolf Loos das Haus auf die Bedürfnisse seiner Bewohner abgestimmt hat, zeigen auch der für die damalige Zeit hochmoderne Skikeller und die uneinsehbare Sonnenterrasse auf dem Dach. Paul Khuner hat die Einweihung seines Landhauses 1930 nur um zwei Jahre überlebt.

Loos-lassen!

Wenn man im Alter von 54 Jahren als erfolgreiche Hüttenwirtin alles hinschmeißt und ein entlegenes, verwahrlostes Haus kauft, um dort noch einmal ganz von vorne anzufangen, dann muss man schon ein ganz besonderer Schlag von Mensch sein. Manche meinen, dann muss man einen besonderen Schlag haben. Ilse Wurdack hat es getan: In einem Alter, in dem so manche bereits an Ruhestand denken, ersteigerte sie im Jahr 1959 den Alpenhof auf dem Kreuzberg, der heute von ihren Enkelkindern in dritter Generation weitergeführt wird. Was sie damals nicht wusste, war, dass es sich bei diesem Haus um ein architektonisches Juwel des Stararchitekten Adolf Loos handelte. Das hat man dem Gebäude auch wirklich nicht angesehen, denn nach dem Krieg war das Holzhaus ein paar Jahre als Erholungsheim genutzt worden. Niemand hatte sich besonders gekümmert und es grenzt eher an ein Wunder, dass es den Krieg unbeschadet überlebt hat. Zum Zeitpunkt der Ersteigerung war es zwei Jahre lang geschlossen gewesen und lag in einem Dornröschenschlaf. Ilse Wurdack und Tochter Gerlinde mussten erst einmal die Ärmel hochkrempeln und schauen, was unter der ungeheuren Staubschicht im Inneren des Hauses an Inventar zum Vorschein kommt. Mit einem ganzen Trupp von alten mitgebrachten Hütten-Mitarbeitern und Freunden reinigten sie hunderte von Einrichtungsgegenständen, strichen und malten, reparierten Türen, Fenster und Schlösser, ölten alle beweglichen Teile, machten die schönen Fensterläden wieder flott, richteten die Küche ein und putzten die riesigen Fenster. Aus Geldmangel blieben die Zimmer erst einmal so, wie sie waren. Heute muss man sagen, zum Glück, denn so blieb viel im Originalzustand erhalten.

Nach sechs Wochen intensivster Instandsetzungsarbeiten war es dann endlich so weit: Am 20. Juni 1959 wurde die Hotel-Pension „Alpenhof-Kreuzberg" eröffnet. Der berühmte Architekt Adolf Loos fand vorerst nirgends Erwähnung. Die Geschäfte liefen von Anfang an gut, Tochter Gerlinde und ihr Ehemann arbeiteten fleißig mit. Man dachte schon an Vergrößerung und Modernisierung. Doch die Pläne lösten sich in Luft auf, als das Haus 1963 unter Denkmalschutz gestellt wurde. Erst jetzt war allen klar, dass Ilse Wurdack ein unerkanntes architekturhistorisches Juwel ersteigert hatte. Darüber freute sich erst einmal niemand. Das Haus war schlicht und einfach sanierungsbedürftig, Juwel hin oder her. Wieder einmal zeigte sich, dass die Leute vom Kreuzberger Alpenhof von einem besonderen Schlag sind und nicht so leicht aufgeben. Vor allem der Schwiegersohn Karl Steiner ließ sich nicht so leicht von dem beeindruckenden Erbe einschüchtern. Seinem diplomatischen Verhandlungsgeschick war es zu verdanken, dass dann doch einiges renoviert werden durfte.

Richtig bekannt wurde das Looshaus aber erst seit der großen Adolf-Loos-Ausstellung im Jahr 1991. Viele Fachleute kamen indessen nicht nur zum Essen raus in das Restaurant, das sich inzwischen einen Namen gemacht hatte. Mit großem Interesse erkundeten sie nebenbei auch noch das Haus. Sie gingen herum als wären sie in einem Museum, betrachteten die interessanten Details wie die rollbaren Fensterläden und die typisch Loos'sche, schlichte Inneneinrichtung. Als die Geschwister Hanna Sehn und Norbert Steiner den „Alpenhof" in dritter Generation übernahmen, hatten sie durch Gespräche mit vielen Experten-Besuchern bereits ein gutes Gespür für die architektonische Bedeutung des Hauses entwickelt. Einiges wurde sogar zurückrenoviert. Die Geschwister waren darauf bedacht, nach Möglichkeit den Originalzustand zu erhalten. Besonders ins Auge stach es, als die grauenhaften Spannteppiche entfernt wurden und die schönen originalen Parkettböden zum Vorschein kamen: Was für eine positive Veränderung!

Heute zählt das Looshaus, das auf „spektakuläre Weise moderne Architektur mit unberührter Natur" vereint, laut Bundesdenkmalamt zu den bedeutendsten Landvillen. Trotzdem verblüfft der Eintrag in *The Hotel Book. Great Escapes Europe*. Es zählt neben den nobelsten Fünfsternehotels ausgerechnet das mini-kleine Looshaus zu den extravagantesten Hotels in Europa! Zum 50-jährigen Betriebsjubiläum gratulierten sogar der damalige Landeshauptmann und der Landeskonservatorat vom Bundesdenkmalamt. Neben den vielen künstlerischen Highlights lobte letzterer „die exquisite Küche des Hauses, die noch jeden ins Schwärmen gebracht hat." Auch die Reichenauer Festspiel-Intendanz rühmte die gute Küche und das freundliche Service und schrieb der Familie Steiner, „dass fast jeder Theatergast wenigstens einmal auf Eure Terrasse kommen möchte, um selbst die Mischung von Loos-Architektur, Ausblick und Gemütlichkeit kennen zu lernen".

An einem lauen Juniabend sitzen wir beim Abendessen in der untergehenden Sonne auf der Terrasse des Looshauses und überprüfen, ob das alles stimmt, was die Leute so Tolles darüber schreiben. Und wir müssen sagen, sie haben nicht übertrieben.

RESTAURANT
MOHREN
HERZLICH
WILLKOMMEN

Wir genießen alles. Diese Natur! Diese Berge! Dieses Haus! Diese Terrasse! Dieser Ausblick! Dieses Essen! Dieser Wein! Eins führt zum anderen und ergibt diese besondere harmonische Verbindung. Wir schauen, wir genießen, wir lassen „loos". Mit lieben Freunden sitzen wir da und lassen unseren Blick in die Weite schweifen. Die letzten Sonnenstrahlen geben vor dem endgültigen Verschwinden alles, tauchen das Tal in dieses einzigartig magische Licht und ziehen, wie mit einem Stift, einen goldenen Rand auf die Bergspitzen in der Ferne. Wir denken an einen Text von Altenberg (oder war er von Schnitzler?), der nie genau weiß, welcher Berg welcher ist. Uns geht es genauso. Aber es ist auch egal. Das Haus steht auf dem Kreuzberg, das wissen wir. Es ist jener Berg, schreibt der Hotelier Heinz Hübner vom Payerbacherhof, der so gut zu den Wirtsleuten passt, wie die Würsteln zum Saft. Und er hat recht. Zu einem besonderen Haus gehören besondere Menschen. In dieser Hinsicht kann man sagen, haben sich zwei gefunden. Die Geschwister Hanna Sehn und Norbert Steiner sind gar nicht mehr wegzudenken vom Looshaus: „Wenn Hanni in der Küche topft, wenn Norbert seine Sprüche klopft …", schreibt der damalige Bürgermeister von Payerbach über seine Besuche im Looshaus. Hanna ist die unumstrittene Chefin in der Küche. Dort schwingt sie beherzt den Kochlöffel und lockt mit ihren außergewöhnlichen Kreationen sogar die feine Wiener Gesellschaft aus der Stadt auf den Kreuzberg. Fast wie in alten Sommerfrische-Zeiten! Aber auch ihr Mundwerk ist unschlagbar, hat uns ein ehemaliger Lehrer von Hanna erzählt. Wenn er zum Essen kommt, serviert ihm seine ehemalige Schülerin ihre Kreationen gerne höchstpersönlich. Einmal aber war er mit seinem Essen noch nicht ganz fertig und Hanna hat einfach abserviert. „Hanni, ich bin noch nicht fertig!", hat der Lehrer entrüstet ausgerufen. „Das habe ich bei den Tests in der Schule auch immer gesagt, und sie haben sie mir weggenommen!", hat Hanna schlagfertig erwidert, das Essen abserviert

Fotos:
vorangehende Doppelseiten: Im Hotel-Restaurant Looshaus vereint sich die Schlichtheit der Loos'schen Architektur mit der geradlinigen Herzlichkeit der Gastgeberfamilie Steiner.

und nicht mehr wieder gebracht. Aber wir glauben, zum Trost hat sie ihrem Lehrer noch eine der wunderbaren Nachspeisen serviert. „Wer sie näher kennt, weiß, dass ihr Herz butterweich ist“, hat uns ein Stammgast erzählt. Harte Schale, weicher Kern. Das trifft bestimmt auch auf Bruder Norbert zu. Er ist für das Service, die Gäste und, ganz wichtig, für den Weinkauf zuständig. Der Winzer Robert Payr hat Norbert Steiner – „ein G'standener wie halt die vom Kreuzberg san“ – auf einer Weinverkostung kennengelernt und kann sich noch genau an die Wegbeschreibung für seine erste Lieferung erinnern: „Du fährst den Kreuzberg hinauf – und wenn du glaubst, es kommt nichts mehr, dann fährst noch ein Stück ums Eck und dann bist bei uns im Looshaus.“ Es wird gemunkelt, Norbert sei ein wahrer „Trendscout“, was Weine betrifft. Die Familie Weißenböck schreibt in der Jubiläumszeitschrift: „Einige Winzer kamen erst Jahre später überregional groß heraus, nachdem wir bei Norbert diese schon als ‚Jungwinzer‘ kennenlernten.“ Auf seine Weinempfehlung kann man sich anscheinend wirklich immer verlassen.

Als alle Gäste weg sind, setzt sich Norbert ein wenig zu uns und erzählt aus seinem Leben. Lange Jahre war er als Koch auf Kreuzfahrschiffen auf allen Meeren dieser Welt unterwegs. Sogar im Seemannschor hat er mitgesungen, der am letzten Abend der Kreuzfahrt immer seinen großen Auftritt hatte. Da stand er zwar immer in der letzten Reihe, hat aber mit großer Begeisterung mitgesungen. Eines Abends war der Leadsänger ausgefallen und Norbert wurde auserkoren, für ihn einzuspringen. Norbert witterte seine große Entdeckung als Sänger. „Aus ist's mit dem Erdäpfelschälen in der Küche!", hatte er freudig gedacht. Als erstes Lied sollte er den *Drunken Sailor* zum Besten geben. Doch als er anfing zu singen, hörte die Band auf zu spielen. Der Bandleader sagte: „If this man is singing, we are not playing." Das hat Norbert tief getroffen und seitdem hat er nie wieder gesungen. Lieber zog er sich in die Einsamkeit des Nordkaps zurück und freundete sich mit den Pinguinen an. „Eigentlich darf man sich denen nicht nähern", erzählt Norbert, „aber wenn man einfach so dasitzt, dann kommen sie einfach zu dir her!" Norbert weiß viel über Pinguine. „Was glaubt ihr, wie lang die Hax'n von so einem Pinguin sind?", fragt er mich. „Na, ziemlich kurz", vermuten wir und denken an ihren netten, watschelnden Gang. Natürlich sind sie nicht kurz, erfahren wir. Pinguine haben voll entwickelte Vogelbeine mit Knien und allem Drum und Dran. So lernt man am Kreuzberg also allerhand über Pinguine. Norbert besitzt sogar eine beträchtliche Sammlung an Pinguin-Gegenständen, weil ihm Gäste immer wieder etwas zu diesem Thema schenken. Wer weiß, vielleicht gibt es im Looshaus irgendwann eine Pinguin-Ausstellung?

Wir sitzen noch lange auf der Terrasse und hören die unglaublichsten Geschichten über die Tiere und über Meeresstürme, bei denen Gedanken an die Titanic und an das letzte Stündlein, das geschlagen haben könnte, nicht mehr fern sind. Als die Sonne am Kreuzberg langsam untergeht, schwärmt Norbert gerade von der unendlichen Weite der Antarktis und schildert in allen Farben das unvergleichlich magische Polarlicht. Einfach nur schön.

Die Speckbacher Hütte

Am Looshaus vorbei und weiter auf der Straße nach Breitenstein zweigt links eine schmale Straße zur Speckbacher Hütte ab. Öffentliche Verkehrsmittel verkehren hier nicht. Vor dem Looshaus steht zwar eine Haltestelle, doch hält hier der Bus nur einmal im Jahr an Christi Himmelfahrt: Der öffentliche Bus muss diese Straße nämlich wenigstens einmal im Jahr bedienen, um die Lizenz nicht zu verlieren. (Ob man an Christi Himmelfahrt mit dem Bus wirklich hier herauffahren kann – wir haben es nicht ausprobiert.)

Das Sträßlein zur Speckbacher Hütte windet sich relativ steil in die Höhe, bis man auf einige Häuser trifft, an deren Ende ein Weg links abbiegt. Irgendwo hinter Bäumen versteckt steht dort das ehemalige Landhaus von Alma Mahler-Werfel, heute in Privatbesitz. Den Grund dazu hatte schon der Komponist und Dirigent Gustav Mahler gekauft, den Bau seines Refugiums aber nicht mehr erlebt. Seine Witwe Alma ließ sich später ein Landhaus, wie man erzählt, nach texanischem Vorbild bauen: mit Dachüberständen, die Terrassen und Haus in tiefe Schatten legten, gut für die Wüstengebiete von Texas. Ob es für den niederösterreichischen Kreuzberg tauglich war? Das Innere des Hauses ließ sich Alma Mahler rund um einen riesigen, vier Meter breiten Kamin bauen, dessen Front Oskar Kokoschka, der die Totenmaske von Gustav Mahler abgenommen hatte und mittlerweile ihr Liebhaber war, mit einem Bild schmückte. Es hieß *Die Windsbraut* und zeigte neben der zur Höhe strebenden Alma einen in Qualen der Eifersucht verbrennenden Maler. Das Original des Bildes hat die Wirren zum Ende des Zweiten Weltkrieges nicht überlebt. Später kasernierte Alma ihren dritten Ehemann, den Schriftsteller Franz Werfel, unter der Aufsicht eines Hausmeister-Ehepaares hier in der Einsamkeit. Er sollte keine Gelegenheit zu seinem geliebten Bohéme-Leben mit seinen Freunden mehr haben, sich nicht mehr in den Wiener Cafés herumtreiben und schreiben. Trotz der hohen Tantiemen, die ihr von den Aufführungsrechten Gustav Mahlers zuflossen, war sie immer knapp bei Kasse, ihr Lebensstil war äußerst aufwendig. Außerdem war ihr Werfel zu dick, er sollte abnehmen, wofür das Hausmeister-Ehepaar mit geeigneter Ernährung zu sorgen hatte. Nun, gegen einen Spaziergang, um den Kopf auszulüften und seine Gedanken anzuregen, konnte ja niemand etwas haben. Deshalb spazierte er den heute so genannten Franz-Werfel-Weg oft, ja manchmal täglich, hinauf zur Speckbacher Hütte. Dort wurde er bestens und ausreichend bewirtet. Hier lässt es sich auch heute noch, wie zu Werfels Zeiten, gut sitzen, in der Stube oder auf der gemütlichen Terrasse; die Portionen sind nicht gerade klein – und nach dem Aufstieg schmecken Bier oder Most noch einmal so gut.

Bevor sie sich ins Exil aufmachen, hatten die Werfels zusammen mit vielen Freunden ein letztes großes Fest gefeiert. Es wird überliefert, dass Werfel dabei in den Fischteich gefallen sei und Carl Zuckmayer in der Hundehütte geschlafen habe. Später flohen die Werfels, begleitet unter anderem von Heinrich Mann, über die Pyrenäen nach Spanien, nach Portugal und weiter in die USA. Golo, der jüngste Sohn von Thomas Mann, war auch dabei und berichtete, dass der Weg über die Berge den schon älteren Onkel Heinrich Mann und den beleibten Franz Werfel an den äußersten Rand ihrer Leistungsfähigkeit gebracht habe. Bis sie den Weg über die Pyrenäen wagten, blieben die Werfels mehrere Monate in Lourdes, wo der Schriftsteller die Geschichte der Bernadette Soubirous kennenlernte. In Amerika angekommen, schrieb der Jude Werfel die Geschichte der katholischen Heiligen in nur fünf Monaten nieder: *Das Lied der Bernadette*, aus einem Gelöbnis heraus entstanden, wurde sein erfolgreichster Roman.

Als wir in der Speckbacher Hütte einkehrten, unterhielt sich die Wirtin mit Gästen über die Payerbacher Hochzeit, die anscheinend Gesprächsstoff Nummer eins in diesen Tagen war. Wir hörten interessiert zu, immerhin hatten wir ja die intensiven Vorbereitungen für das Fest mitbekommen und waren neugierig. Irgendwann kam die Rede auf den Trauzeugen des Bräutigams: Dem Chef des Hotels Marienhof habe man angesehen, dass er ein alleinstehender Junggeselle war. Das Hemd war ihm ein bisserl aus der Hose gerutscht und keine hat es ihm wieder gerichtet. Aber wer weiß, vielleicht hat er ja beim Feiern bis in die frühen Morgenstunden jemanden gefunden, der ihm das Hemd ganz ausgezogen hat?
Draußen im Gastgarten saß, im Unterschied zu den redseligen Gästen drinnen, eine recht schweigsame Dame. Trotzdem kamen wir irgendwie ins Gespräch und erfuhren zufällig, dass wir mit der ehemaligen Chefin des großen Hotel Panhans sprachen. Es war in der Zwischenzeit verkauft worden, erzählt sie. Und die schöne kleine Ausstellung über die Geschichte des Hauses mit Bildern, Zeitungsartikeln, alten Menükarten und sogar einer Litfaßsäule mit alten Ankündigungen habe man weggeräumt. Immerhin gibt es wieder Kultur-Veranstaltungen. Doch wie es genau weitergehen soll, ist auch im Jahr 2023 noch höchst ungewiss.

Alma Mahler-Werfel und die Männer

Im Gegensatz zur österreichisch-jüdischen Schriftstellerin und Journalistin Berta Zuckerkandl, die mit dem berühmten Anatomen Emil Zuckerkandl verheiratet war und einen literarischen Salon führte, in dem die Spitzen der künstlerischen und wissenschaftlichen Elite des Habsburgerreiches auf hohem Niveau

Gedankenaustausch pflegten, war der Salon der Alma Mahler-Werfel einer der Selbstdarstellung, des Sehens und Gesehenwerdens. Aber auch hier traf sich Wien – allerdings mit anderer Zielsetzung.

Alma selbst spielte hervorragend Klavier, komponierte auch, konnte aber neben ihrem ersten Mann, dem wesentlich älteren, berühmten Komponisten und Stardirigenten Gustav Mahler, nicht bestehen und begnügte sich – auf Dauer eher widerwillig – mit der Rolle einer Frau, die ihrem berühmten Gatten den Rücken freihielt und als Ruhepol in einem vielbeschäftigten Leben diente. Das war ihr wohl auch angemessen, denn der später ebenfalls berühmt gewordene Komponist und Dirigent Alexander von Zemlinsky, ihr gestrenger Kompositionslehrer und vielleicht auch erster Liebhaber, legte ihr die Entscheidung nahe, entweder zu komponieren oder sich in Gesellschaften aufzuhalten (und sich für letzteres zu entscheiden).

Nach dem Tod Gustav Mahlers, dessen Hinterlassenschaft und Tantiemen ihr ein Leben in Wohlstand versprachen, für ihr Luxusleben auf Dauer aber nicht reichten, begann sie eine Liaison mit dem aufstrebenden jungen Maler Oskar Kokoschka, den sie kennengelernt hatte, als er, vermittelt von Adolf Loos, Gustav Mahler die Totenmaske abnahm. Kokoschka wurde von Eifersucht auf seine leichtlebige Freundin zerfressen. Er spionierte ihr nach, patrouillierte nachts auf der Straße vor ihrer Wohnung; es gab große Szenen und mörderischen Streit. Nachdem die Beziehung beendet war, ließ Kokoschka sich eine lebensechte Puppe mit Almas Gesichtszügen fertigen, die lange Zeit bei Ausfahrten neben ihm sitzen musste.
Alma Mahlers zweiter Mann, Liebhaber schon zu Mahlers Zeiten, wurde der bekannte Architekt Walter Gropius, viel geehrter Gründer des Bauhauses und einer der Pioniere der modernistischen Architektur. Er war ein ruhiger und besonnener Mann,

man könnte sagen: der Gegenentwurf zu Kokoschka. Doch die Ehe hielte nicht lang.

Alma Mahler wandte sich dem Dichter und Caféhaus-Bohemien Franz Werfel zu, mit dem sie ihre dritte Ehe einging und von dem sie schon zu Gropius Zeiten schwanger war. Man könnte wohl zurecht behaupten, dass Alma Mahler-Werfel – den Namen ihres ersten Mannes hatte sie wegen dessen Berühmtheit beibehalten – die Muse junger, aufstrebender Künstler war, die sie zu Liebhabern nahm und zu künstlerischen Höchstleistungen anzutreiben wusste. So jedenfalls fühlte sie sich. Obwohl sie mit dem Juden Werfel mehr als 20 Jahre verheiratet war, brach ihr Antisemitismus immer wieder durch, die spätere Entfremdung in der Ehe führte sie auch auf die „Rassenfremdheit" zurück.

In den 1930er Jahren geriet Alma in eine tiefe Lebenskrise. Sie war übergewichtig und konnte sich mit dem Altern – hatte sie doch längst das 50. Lebensjahr hinter sich gelassen – nicht abfinden. Außerdem litt sie an einem Alkoholproblem, wie Elias Canetti anmerkte. Trotz ihrer antisemitischen Ausfälle, über denen sich alte Freunde wie Thomas Mann von ihr abwandten, ging sie mit dem Juden Franz Werfel ins Exil, zunächst nach Frankreich, dann in die USA. Als Alma Mahler-Werfel 1964 starb, war sie krank und einsam.

Weiterführende Informationen

Hotel Payerbacherhof
Hauptstraße 2, 2650 Payerbach
+43 2666 52430
www.payerbacherhof.at

Schaubergwerk Grillenberg
Ortsplatz 7, 2650 Payerbach
+43 2666 5242312
schaubergwerk@payerbach.at
Führungen können von Mai bis Oktober vereinbart werden!

Hotel-Restaurant Looshaus
Kreuzberg 60, 2650 Payerbach
+43 2666 52911
www.looshaus.at
Im Normaltempo geht man ungefähr eine Stunde von der Speckbacher Hütte zum Looshaus. Der Weg ist nicht zu verfehlen: immer geradeaus – und im Zweifelsfall links halten. Mitten im Nirgendwo trifft man dann auch plötzlich wieder auf wunderschöne Villen – so etwas kann einem nur in dieser Gegend passieren. Nach ca. 50 Minuten muss man ganz scharf nach links in einen unscheinbaren Weg einbiegen. Den Wegweiser übersieht man leicht beim Gehen und Tratschen! Im Looshaus ist dann eine gemütliche Pause mit Kaffee und guten Mehlspeisen gewiss, die Speisekarte klingt aber auch für ein Abendessen verlockend. Möchte man sich im Dunklen nicht mehr auf den Rückweg machen, kann in einem der nostalgischen, von Loos entworfenen Zimmer übernachtet werden; oder – das ist aber nur in der Hauptsaison möglich – man nutzt den Shuttle-Dienst zurück ins Tal.

Speckbacher Hütte
Speckbacher Straße 51, 2673 Breitenstein
+43 2664 21096
www.die-speckbacher.at

Die Terrasse bietet einen schönen, fast schon kitschigen Ausblick auf die Bergwelt. Von Maibock-Schnitzel bis Heidelbeerstrudel bleiben keine Wünsche offen. Eine ganz besondere Spezialität sind die Momos – mit Gemüse oder Fleisch gefüllte Teigtaschen. Die bekommt man sonst nirgends, also unbedingt probieren! Im Garten lässt sich zudem ein riesiger Rhododendron aus dem Himalaya bewundern, er wurde 1908 gepflanzt und nimmt mittlerweile eine Fläche von mehr als 130 Quadratmetern ein – mit seinen tausenden weißen Blüten, die aussehen, als hätten sie ein bisschen Sternenstaub hineingestreut. Es könnte natürlich auch Feenstaub sein. Unwirklich aber auf jeden Fall.

Eine Wanderung zur Hütte dauert vom Bahnhof Breitenstein ca. eine Stunde: Dazu folgt man der Hauptstraße bergauf und biegt links in die Orthofstraße ein. Nach wenigen hundert Metern geht rechts in den Wald eine Schotterstraße, der man bis zu einem Feld mit kurzem Anstieg folgt, das überquert werden muss. Durch den Wald führt ein schmaler Steig weiter bergauf – man erreicht einen Feldweg, der direkt zur Speckbacher Hütte führt.
Nimmt man die Konditorei Alber direkt an der Payerbacher Brücke – hier kann man sich mit dem berühmten „Sisi-Zwieback" stärken – als Ausgangspunkt der Wanderung, so nimmt diese in etwa 2 ½ Stunden in Anspruch: Man geht zunächst die Feldbacherstraße hinauf, lässt die Kirche rechts liegen (und wirft allerhöchstens im Gehen einen Blick auf den Mammutbaum, der dort zum Gedenken an den Aufenthalt von Sisi gepflanzt wurde), spaziert unter dem Viadukt der Semmeringbahn durch und biegt später rechts in einen Wald-Wanderweg ab. Folgend hält man sich an die rotweiße Markierung, kommt später auf eine Wiese, die den Blick freigibt auf das Bergpanorama, geht eine Forststraße weiter durch den Wald und erreicht schließlich die Speckbacher Hütte.
Übrigens: Wenn man vom Bahnhof Payerbach zur Speckbacher Hütte wandert und von dort aus weiter zum Looshaus und über den Gasthof Polleres, die Voselhöhe und Prasch-Säge die Runde wieder zum Bahnhof Payerbach zurückgehen möchte, benötigt man in reiner Gehzeit ungefähr 4 ½ Stunden.
Siehe etwa: https://www.wieneralpen.at/a-auf-den-kreuzberg-speckbacherhuette
https://www.bahn-zum-berg.at/rax-co/von-payerbach-zur-speckbacher-huette

Semmering

„Endlich keucht die Berglokomotive nach Station ‚Semmering' ... Wir steigen aus. Wir atmen rasiermesserscharfe Bergluft ein. Wir sind geborgen und im Waldesfrieden. Hinter uns der Dunst des Getümmels, Getriebes. Alles kommt uns da unnötig vor, lächerlich."

Peter Altenberg in *Semmering* 1912

HOTEL

2t

1900

Das Jahrhundert-Bauwerk

Im Jahr 1842 hatte die Südbahn Richtung Westungarn den Ort Gloggnitz und damit den Fuß der Alpen erreicht. Von da aus ging es ins Reichenauer Tal mit Kutsche oder Stellwagen weiter. Erst 1851 war Payerbach erreicht und es dauerte weitere drei Jahre, bis die Passhöhe des Semmering nach langer und schnaufender Bergfahrt erklommen war. Reisende nach Triest mussten noch einmal drei Jahre länger warten. Trotzdem ein gewaltiger Fortschritt für Reisende, denn die Fahrt vom Wiener Südbahnhof bis Gloggnitz dauerte nun nur mehr gut zwei Stunden, der Bahnhof Semmering kam bereits nach knapp vier Stunden in Sicht; um die Jahrhundertwende verkürzte sich die gesamte Fahrzeit gar auf zwei Stunden. Und was war das für eine Fahrt!

„Die Strecke wand sich und bald immer wieder. Es war, als stiege man über eine gewundene Treppe zum Dach eines Gebäudes empor. Das kurze, zischende Vorbeifliegen der Wand in gemauerten Einschnitten gab den Blick wieder frei für ein neues Bild, das jetzt in's Treffen trat und sich in die Aussicht schob, die viele Male schwarz verschluckt wurde von den Tunnels. Clayton hatte die Empfindung, schon sehr hoch zu sein, aber es ging noch höher. Jetzt sah er drüben in weitem Bogen die Bahntrasse liegen, über welche man eben vorhin gefahren war. Die Abstürze neben der Strecke wurden steiler und tiefer und schließlich schwindelnd, als man durch eine Art offene Galerie fuhr. Ihre Pfeiler zischten vorbei. In der nächsten Kurve sah er, so rückwärts wie vorne, die Lokomotiven donnernde Dampfstrahlen emporwerfen."

In seinem Roman *Die Wasserfälle von Slunj* (1963) lässt Heimito von Doderer das britische Ehepaar Clayton auf ihrer Hochzeitsreise über den Semmering auf den Balkan reisen. Die Bergfahrt begeistert den Ingenieur Robert Clayton außerordentlich.

Fotos:
vorangehende Doppelseite:
oben: Südbahnhotel; rechts im Hintergrund das Kurhaus Semmering, heute „Grand Semmering".
links: Die Front des Luxushotels Panhans war 300 Meter lang.
rechts: Villa Kleinhans, eine der schönsten Villen am Semmering.
Seite 185: Einfahrt der Semmeringbahn in den Polleres-Tunnel unterhalb der Pollereswand.

Für lange Zeit war die Zugfahrt über den Pass eine Reise, die alle Sinne beanspruchte: Die Lokomotive wurde bis aufs Äußerste geheizt und stieß donnernde Rauchsäulen aus, begleitet von Funkenflug und gelegentlichen Feuerstößen aus dem Schornstein. Man sah und roch den Rauch, er gehörte zur Fahrt. Tunnels, in denen man verschwand, voller Angst, ob man wieder auftauchen werde, wechselten sich ab mit Brücken und Aquädukten über schwindelnde Abgründe und in den Felsen gehauenen Galerien, deren Stützpfeiler am Abteilfenster vorübersausten und das Bild zerschnitten. Ein neues Sehen setzte ein: Ein Ausschnitt der Landschaft stand wie ausgestanzt im Rahmen des Abteilfensters. Was man sah, glitt für die bisher gewohnte Wahrnehmung als Fußgänger oder Kutscheninsasse viel zu schnell vorbei. Man musste sich im Laufe der Zeit erst daran gewöhnen.
Das Interesse der Wiener an dieser neuen Art zu reisen war riesengroß, denn die Alpen rückten jetzt in greifbare Nähe. An Pfingsten 1850 vermeldete der Bahnhof Gloggnitz 10 000 Fahrgäste, die sich aufgemacht hatten, die Alpen ganz aus der Nähe zu betrachten. Nur raus aus dem sich zusehends verdichtenden Alltag! Auch die abenteuerliche Fahrt auf den Pass hinauf, von der man sich Unglaubliches erzählte, wurde zum Ziel eines Ausflugs. Es gab Baustellenführer als Vorform späterer Reiseführer. Die Südbahngesellschaft veranstaltete eintägige Vergnügungsfahrten und dreitägige Pauschalreisen, zuerst zur Baustelle, später dann über den Pass bis Mürzzuschlag und wieder zurück.

Während der Wiener Weltausstellung 1873 waren sie der große Renner. Denn, so schrieben es jedenfalls die Zeitungen, die Fahrt ähnle einer „Grottenfahrt“ – es lässt an die Vorgängerin der uns Heutigen bekannten Geisterbahn denken; Peter Rosegger schrieb gar in seiner autobiographischen Geschichtensammlung *Als ich noch ein Waldbauernbub war* von einem „Ungeheuer mit seinen hundert Rädern“, das „aus dem Rachen gewaltigen Dampf“ ausstieß. Ganz offensichtlich suchten viele Gäste dieses grausliche Ereignis, das ihnen Schauer über den Rücken jagte. Der dadurch zusätzlich befördert wurde, als bis zum Einsatz modernerer Bremsen in jedem Wagen Bremser saßen, die bei der Talfahrt Bremsbacken mit aller Kraft auf die Räder pressten, um das Tempo des Zuges zu reduzieren. Lautes Kreischen, Pfeifen und Quietschen waren die Folge und ließen das Hörerlebnis zu einem höllischen, unvergesslichen Crescendo anschwellen.

„Die Lokomotive schrie heiser auf: der Semmering war erreicht. Eine Minute rasteten die schwarzen Wagen im silbrigen Licht der Höhe, warfen ein paar bunte Menschen aus, schluckten andere ein, Stimmen gingen geärgert hin und her, dann schrie vorn wieder die heisere Maschine und riss die schwarze Kette rasselnd in die Höhle des Tunnels hinab. Rein ausgespannt, mit klaren, vom nassen Wind reingefegten Hintergründen lag wieder die hingebreitete Landschaft.“

Stefan Zweig in seiner Novelle *Brennendes Geheimnis* (1911)
über die Faszination Semmering-Bahn

Ohne Vorspann geht nichts

Doch noch einmal zurück: Im Laufe des 19. Jahrhunderts wurde Triest, das schon Anfang des 18. Jahrhunderts zum Freihafen erklärt worden war, endgültig zum wichtigsten Mittelmeerhafen der Habsburgermonarchie, der Handel mit dem Nahen Osten intensivierte sich; außerdem stand die Eröffnung des Suez-Kanals (1869) vor der Tür, was den Weg in den Indischen Ozean drastisch verkürzen und neue Wirtschaftswege eröffnen sollte. Die Verkehrsverbindung zwischen Wien und Triest aber war denkbar schlecht. Ein paarmal schon hatte man auf Bitten der Triestiner und steirischer Unternehmer die alte Straße über den Pass ausgebessert. Es hatte nichts genützt. Vor allem der Weg zwischen Schottwien und der Passhöhe war sehr steil geblieben, bis man ihn im 19. Jahrhundert mit der neuesten Serpentinentechnik entschärfte. Im Jahr 1660, das wissen wir, war Kaiser Leopold mit dem hohen Adel in die Steiermark gezogen. Um die schweren Hofkutschen über den Pass zu bringen, waren 3 000 Ochsen notwendig – wenn die damaligen Berichterstatter nicht maßlos übertrieben haben. Immerhin: Bis 1899 hielten die Schottwiener Gastwirte mehr als 200 Pferde bereit, die man als Vorspann mieten konnte. Von Gloggnitz nach Schottwien genügte ein einfacher Vorspann, also zwei zusätzliche Pferde, ab da musste man sechs oder acht Pferde, drei- oder vierfachen Vorspann, zusätzlich einspannen, um die schwer beladenen Wägen über die Passhöhe zu ziehen.

Jetzt aber sollte ein modernes Verkehrsmittel, die Eisenbahn, Abhilfe schaffen. Es gab heiße Debatten unter den Fachleuten, wie man den Semmering bewältigen könne. Mehrere Modelle standen zur Wahl: Eines davon wollte die Alpen umgehen und Triest über Ungarn und Slowenien erreichen; die Vertreter eines anderen Modells setzten auf Seilzüge, die den Lokomotiven zusätzliche Kraft verleihen sollten; ein weiteres redete einer Durchtunnelung des Semmering oder des Preiner Gscheid das Wort – eine Idee, die damals vor den großen Schwierigkeiten, ja Unmöglichkeiten, zurückschreckte, heute aber umgesetzt wird, wie man am bereits fertigen Tunneleingang zwischen Gloggnitz und Payerbach sehen kann.

Pionier und Impulsgeber Carl von Ghega

Im Jahr 1842 wurde Carl von Ghega zum Planungsleiter der gesamten Südeisenbahn ernannt. Dafür unternahm er zunächst eine Informationsreise in die USA, wo er den Eisenbahnbau im Gebirge studierte und sich vor allem für die Lokomotiven interessierte, die stärkere Steigungen bezwingen konnten. Zurück in Wien plante er die Überquerung des Semmering von Gloggnitz bis Mürzzuschlag mit der Eisenbahn ohne zusätzliche Hilfsmittel – ein Unterfangen, das viele fachkundige Zeitgenossen für unmöglich hielten.

Carl von Ghega wurde 1802 als Sohn albanischer Eltern in Venedig geboren. Sein mathematisches Talent wurde früh erkannt. Mit 15 Jahren begann er sein Studium in Padua; ein Jahr später erhielt er das Diplom als Ingenieur und Architekt, mit 17 Jahren den Doktortitel in Mathematik.

Ghega setzte auf das Anschmiegen der Trasse an die landschaftlichen Gegebenheiten, auf Ziegelbauweise statt der dazumal modernen Eisenspannbauten, und auch auf die Kraft moderner, schwerer Lokomotiven, deren Entwicklung er tatkräftig unterstützte. Er sollte Recht behalten.

Baubeginn der Semmering-Bahn war 1848. Noch bevor man mit den Arbeiten begann, wurde das kleine Dorf Payerbach aus seiner Ruhe gerissen.

„Viele Stadtherren kamen in das Tal, saßen im Wirtshaus beisammen und beratschlagten und begingen dann die geplante Bahnstrecke. Wohlausgerüstet mit Instrumenten, Werkzeugen und Plänen vermaßen sie die zukünftige Trasse. Ihnen folgten alsbald beredsame kaiserliche Beamte, welche die für den Bahnbau vorgesehenen Grundstücke in außergewöhnlich zähem Ringen den bisherigen Besitzern abkauften. Die alteingesessenen und sehr konservativ eingestellten Bauern setzten diesem ‚neumodischen Plan‘ vielfach erbitterten Widerstand entgegen. Sie bangten nicht nur um die von ihren Vätern ererbten Felder und Gründe, welche durch die kommende Bahntrasse oftmals zerschnitten und dadurch beträchtlich an Wert verlieren würden, sie glaubten auch, dass die rußenden und qualmenden ‚Stahlrösser‘ künftighin die Gegend verseuchen würden, dass das Vieh vor Schreck verenden oder durch den Rauch vergiftet würde und nicht wenige alte Leute behaupteten sogar ganz offen, dass die Bahnbauer mit dem Teufel im Bündnis stünden.“

Bartholomäus Mader in der Familienchronik über den Baubeginn der Semmering-Bahn (1848)

Wie der Altbürgermeister von Semmering Horst Schröttner, heute ein ebenso eloquenter wie kundiger Führer durch das Welterbemuseum im Semmeringer Bahnhof, uns erzählte, konnte man die widerständigen Bauern letztlich für sich gewinnen, indem man ihnen zusagte, die Kunstbauten der Bahnstrecke nach ihren früheren Besitzern oder alten Landschafsbezeichnungen zu nennen, um wenigstens so die Tradition bewahren zu können: Kalte Rinne, Adlitz-Graben, Polleres-Wand, Weinzettl-Wand usw. Anzunehmen ist sicher auch, dass die Bauern ihren Grund nicht um ein Butterbrot hergegeben haben.

Aber das war lang noch nicht alles. Denn das Jahr 1848 war auch das Jahr der Revolutionen in Europa. Kaiser Franz Joseph wollte den vielen unzufriedenen Arbeitslosen möglichst außerhalb Wiens Arbeit geben und hoffte, damit den revolutionären Strömungen die Spitze zu nehmen – was wohl auch weitgehend gelang. Bis zu 20 000 Arbeiter, ein Sechstel davon Frauen, arbeiteten gleichzeitig am Bau der Strecke, die in der kurzen Zeit von sechs Jahren fertiggestellt und dem Verkehr übergeben werden konnte. Mehr als 2 000 Tote waren zu beklagen, vor allem durch Seuchen, die in den Baracken der Arbeiter wüteten. Diese lebten in sehr beengten Verhältnissen, eben in Barackensiedlungen, die meist die Einwohnerzahlen der nahen Dörfer weit überstiegen und ansteckenden Krankheiten Raum boten. Man kann sich diese temporären Siedlungen, auch die Mühsal der Versorgung der Bewohner mit Pferd und Wagen, heute kaum noch vorstellen. Es scheint, als sei die Logistik ebenso schwierig gewesen wie der Bau selbst.

Eine Baustelle der Superlative

* Die gesamte Länge der Semmering-Überquerung mit der Eisenbahn betrug von Gloggnitz bis Mürzzuschlag in der Steiermark knapp 42 Kilometer.
* 15 Tunnels wurden mit der Hand in den Felsen geschlagen.
* 16 große und 118 kleinere Brücken aus Stein querten Schluchten, dazu ein paar wenige aus Eisen.
* 15 Viadukte wurden errichtet, das längste, bei Payerbach, mehr als 270 Meter lang, das höchste, die Kalte Rinne, 46 Meter hoch.
* 2,1 Millionen m^3 Erdreich mussten bewegt werden.
* 1,4 Millionen m^3 Felsen wurden gesprengt.
* Neben unzähligen Hausteinen verbaute man 64 Millionen Ziegelsteine.

Die ganze Strecke, die noch dazu etwa 13 Kilometer Stützmauern benötigte und von Bahnwärterhäusern, Stellwerksgebäuden, Wohnhäusern usw. ergänzt wurde, baute man per Hand: Es gab weder Maschinen noch Dynamit – das wurde erst ein paar Jahre später erfunden. Das zur Verfügung stehende Schwarzpulver hatte zudem nur etwa ein Zehntel der Sprengkraft von Dynamit. Ungeheure Mengen an Holzstämmen waren notwendig, alleine, um die zum Teil acht Stockwerke hohen Gerüste zu errichten oder die Tunnel in schwierigem Gestein abzustützen. Ein gigantisches Werk, das nicht zu Unrecht mit dem Bau des Suez-Kanals verglichen wurde.

Die aus der Stadt kommenden Arbeiter waren in den Gemeinden an der künftigen Bahnstrecke nicht gern gesehen. Man warf ihnen „unsittliches“ Verhalten vor. Nicht ungewöhnlich für die unterschiedlichen Moralvorstellungen und Anstandsregeln von Stadt und Land. Viele an der Bahntrasse liegenden Orte wurden von den Arbeitern aus der Stadt förmlich überschwemmt. Ganz natürlich, dass da auch starke soziale Differenzen aufeinanderprallten und sich teilweise explosionsartig entluden: Die Landarbeiter, Knechte und Mägde, bezogen nicht nur weniger Lohn, sie erhielten ihn auch nur ausbezahlt, wenn die Bauern durch den Verkauf von eingelagerten Vorräten zu Geld gekommen waren. Sie waren, wie man sagt, meistens nicht „flüssig“. Die Arbeiter erhielten ihren Lohn jeden Freitag und hatten Geld, um die Dorfschönen im Wirtshaus einzuladen, und wussten sich selbst auch besser darzustellen, was die einheimischen Landarbeiter erzürnte. Schlägereien waren oft die Folge, aber nicht nur das: Nach dem Vorbild der Bahnarbeiter forderten sie ihren Lohn ebenfalls regelmäßig zu erhalten, was die an Bargeld knappen Bauern in große Schwierigkeiten brachte. Langfristige soziale Verwerfungen auf dem Lande waren die Folge.

Der Bahnwanderweg

Es lohnt sich allemal, die seit 1998 als UNESCO-Weltkulturerbe geführte Strecke mit der Bahn zu erkunden, auch wenn man heute im Gegensatz zu früher, als die Bergfahrt noch mehr als eine Stunde in Anspruch nahm, nur eine knappe halbe Stunde unterwegs ist. Wir denken daran, einen Platz auf der linken Zugseite zu suchen, von wo aus man die beste Sicht auf die schroffen Felsen und tiefen Abgründe hat, welche die Semmering-Bahn auf ihrer Fahrt überwindet. Heute fährt der Zug erschütterungsfrei und fast lautlos – früher hingegen gehörte der Höllenlärm der schweren Lokomotiven zum Gesamterlebnis, man hat der Maschine förmlich beim Arbeiten zusehen und zuhören können.

Bevor wir in Payerbach den Zug besteigen, konsultieren wir auf jeden Fall den Fahrplan. Denn zum einen halten nur mehr die Regionalzüge auf der Passhöhe, zum anderen bleiben auch nicht alle Regionalzüge an den verschiedenen Haltestellen der Semmering-Bahn stehen. Was wichtig sein kann, wenn man den Bahnwanderweg bergab begehen will und die 21 Kilometer bis hinunter nach Payerbach dann doch zu weit werden. Der Bahnwanderweg führt über alle Bahnhöfe auf der Strecke (Wolfsbergkogel, Breitenstein, Klamm-Schottwien, Eichberg, Küb, Payerbach); wem es zu viel wird, der steigt einfach wieder in den Zug und fährt weiter – oder zurück zum Ausgangspunkt. Streckenbeschreibungen gibt es im Weltkulturerbe Informationszentrum.

Rechts vom Bahnhofsgebäude auf der Passhöhe wurde ein Denkmal für Carl Ritter von Ghega errichtet. Hier beginnt der Bahnwanderweg, der, gut ausgeschildert und beschrieben, bis hinunter nach Payerbach oder Gloggnitz führt. Besonders empfehlenswert ist der erste, 9 ½ Kilometer lange Teilabschnitt der Wanderung vom Semmering nach Breitenstein. Hier warten der berühmte 20-Schilling-Blick, der lang auf der 20-Schilling-Banknote abgebildet war, und die Doppelreiterwarte auf staunende Wanderer. Von ihnen aus können wir die eindrucksvollen Viadukte, Tunnels und Brücken in aller Ruhe betrachten und feststellen, dass die künstlichen Bauten der Streckenführung den Blick auf die Landschaft durchaus beeinflussen. Besser als auf der schnellen Fahrt mit dem modernen Zug. Wer auf der steirischen Seite Richtung Mürzzuschlag wandern möchte, kann das zusammen mit Peter Rosegger tun, der auf Tafeln kurzweilig Auskunft gibt. Auch für Radfahrer

und Mountainbiker ist das Semmering-Gebiet gut erschlossen. Die Weltkulturerbe-Runde allerdings ist nur etwas für konditionsstarke Fahrer.
Bei der Station Breitenstein, nahe dem eindrucksvollen Viadukt „Kalte Rinne" (189 Meter lang und 46 Meter hoch), lohnt es sich, das Ghega-Museum zu besuchen, das mit frühen Fotos und zeitgenössischen Lithographien interessante Einblicke in den Bahnbau gibt.

Die weithin sichtbare Burg Klamm beschützte seit dem 12. Jahrhundert den alten Weg über den Semmering. Sie ist auch als Ruine noch eindrucksvoll genug und gehört heute zur Gemeinde Schottwien am Fuß der ehemals steilen Passstraße. Im Jahre 1809 übernachtete Napoleon in Schottwien, kehrte aber am nächsten Tag wieder um, wie bei Bartholomäus Mader nachzulesen ist: „Wäre er damals auf der Straße zum Semmeringpass weitergereist, hätte sich vielleicht an der Myrthenbrücke das Geschick Europas und möglicherweise sogar der ganzen Welt entscheidend gewendet, denn dort an dieser Brücke lauerte ihm der Bauer Polleres mit wenigen Getreuen auf, fest entschlossen, an dieser Stelle Europa von seinem verhassten Unterdrücker zu befreien."
Im 18. Jahrhundert errichtete man in Schottwien sogar eine Wallfahrtskirche, Maria Schutz, in der die Frächter um Hilfe bitten oder für das gute Ankommen danken konnten. Das heilkräftige Marienbründl ist hinter dem Altar zu finden. Die Station Wolfsbergkogel kurz vor der Passhöhe ist dem Südbahnhotel am nächsten, sie war extra für Gäste des Südbahnhotels eingerichtet worden.

Die Wiener Aussichtsterrasse entsteht

Hier am Südbahnhotel ist zu verorten, wo die „künstlich angelegte Hotel- und Villenkolonie ‚Semmering'" (Wolfgang Kos) ihren Anfang nahm. Denn von 1854 bis 1880, dem Baubeginn des damals so genannten Semmering-Hotels, des späteren Südbahnhotels, diente die Scheitelhöhe der Bahntrasse lediglich der Lokomotive zum Wasserfassen. Allenfalls stiegen ein paar Wanderer, Bergsteiger oder Naturfreunde aus, die in den Touristenzimmern des einzigen Gasthauses Quartier bezogen. Der Semmering an sich spielte keine Rolle. Erst mit Baubeginn des Hotels, der Villen und Landhäuser nach sich zog, begann zaghaft der Aufstieg des Semmering zur Aussichtsterrasse der Wiener Gesellschaft. Die Südbahngesellschaft hatte sich nämlich entschlossen, an diesem landschaftlichen Höhepunkt der Bahnstrecke ein Hotel zu bauen, um den beginnenden Tourismus anzukurbeln und für die Bahngesellschaft zusätzliche Einnahmen zu generieren. Und tatsächlich! Schon bald nach der Eröffnung des Hotels fanden sich viele zahlungskräftige Gäste ein, die den noch bescheidenen Luxus des Hotels und die Höhenluft genossen.

„Endlich keucht die Berglokomotive nach Station ‚Semmering' …Wir steigen aus. Wir atmen rasiermesserscharfe Bergluft ein. Wir sind geborgen und im Waldesfrieden. Hinter uns der Dunst des Getümmels, Getriebes. Alles kommt uns da unnötig vor, lächerlich. Wir sind 1 000 Meter über dem Dunkel der Großstadt. Nahezu siebenmal so hoch als der Stefansturm: 7 Stefanstürme übereinandergestellt. Wirklich einsame Türmer. Nichts ist hier langweilig, gleichgültig. Denn Lunge und Herz sind beglückt! Die Seele wird mitgerissen in die Einsamkeit und ergibt sich dem ‚Bergfrieden'."

Peter Altenberg in *Semmering 1912*
über die finanziell betuchten Gäste

Wobei man nicht vergaß, auch den nicht ganz so zahlungskräftigen Gästen ein „Touristenquartier“ zu errichten. Das Südbahnhotel richtete im hangseitigen Parterre eine Stube für nicht ganz so zahlungskräftige Gäste – eben Touristen – ein, die eine altdeutsche Dekoration erhielt und eine preisgünstigere Speisenkarte bot. Es ist erstaunlich, dass man damals die einfachen Gäste, die sich kein Nobelquartier leisten konnten, bereits als „Touristen“ kennzeichnete: eine Nennung, die sich in unseren Tagen auf die Urlauber als Massenkonsumenten übertragen hat.

Im Jahr 1888 ließ Vinzenz Panhans näher an der Passhöhe und fast zwei Kilometer vom Semmering-Hotel entfernt ein eigenes und nach ihm benanntes Hotel errichten. Panhans war zunächst gefeierter Koch in Wien, anschließend Restaurantpächter im Semmering-Hotel, dessen Rendite es ihm erlaubte, sich ein eigenes Hotel bauen zu lassen. Gleich einer Ellipse gab es nun auf dem Semmering zwei Brennpunkte, zwei Hotels, die um die Jahrhundertwende mehrere Male erweitert und zu absoluten Luxushotels umgebaut wurden.

Unter den Gästen war auch der schon vielfach zitierte Kaffeehausliterat Peter Altenberg. Er hieß eigentlich Richard Engländer und wurde 1859 als Sohn einer jüdischen Kaufmannsfamilie in Wien geboren. Erst begann er ein Jurastudium und wechselte dann zu Medizin, wurde 1879 aber von einem Arzt wegen „Überempfindlichkeit des Nervensystems“ als untauglich für eine Berufsausübung erklärt. Altenberg wurde zum stadtbekannten Bohemien und Caféhausdichter, gab das Café Central sogar als Postadresse an und lebte weitgehend von den Zuwendungen seiner Freunde und Mäzene, zu welchen Arthur Schnitzler, Karl Kraus und Adolf Loos gehörten, die ihm auch Aufenthalte am Semmering ermöglichten. Er war ein Sonderling voller Widersprüche, der die Ansprüche an seine Gesundheit ständig konterkarierte, von Schlafmitteln und Drogen abhängig war und gern

die hehre Liebe predigte und dabei viele Frauen nicht nur platonisch liebte. Er, der ständig eine diätetische Lebensweise predigte und selbst höchst ungesund lebte, verteidigte „stets glühend" die von der Sexualität der Mannstiere bedrängte Frauenseele. Altenberg wurde mehrere Male in eine Nervenheilanstalt eingeliefert und starb 1919 an den Folgen einer Lungenentzündung. Franz Kafka beschrieb ihn als ein „Genie der Nichtigkeiten".

Nun aber zurück zum Südbahnhotel und dem Panhans: Rund um beide Brennpunkte wurden sogenannte Semmering-Villen errichtet. Ihr Kennzeichen war der Heimatstil, in dem etwa der tonangebende Ringstraßen-Architekt Franz Neumann Elemente des alpenländischen Baustils für herrschaftliche Villenbauten einsetzte. Ihr großer Vorzug war die Lage: Jede dieser Villen hatte einen unverbaubaren Panoramablick auf die umgebende Bergwelt. Dies ist heute nicht mehr so, die Bäume dürfen nicht mehr so stark beschnitten oder gar abgeholzt werden.

Im Tourismus-Büro Semmering und in der Infostelle Weltkulturerbe erhält man Pläne, auf denen man die exakte Lage der Villen und die Namen ihrer damaligen Besitzer finden kann. Viel wichtiger und schöner ist es aber, durch die Hochstraße, vor allem die Villenstraße, zu flanieren und die heute traumverlorenen Häuser auf sich wirken zu lassen – einzutauchen in eine Zeit, die längst vergangen und doch noch so gegenwärtig ist. Auf Wegen, die von Touristen kaum mehr begangen werden, um der Fantasie, die um 100 Jahre zurückreicht, Raum zu geben. Am Ende der Villenstraße taucht unvermittelt die riesenhafte Fassade des Südbahnhotels auf, das derzeit (Stand 2023) originalgetreu renoviert wird und vielleicht zum Zentrum eines wiederbelebten Tourismus auf hohem Niveau werden kann.
Im Gegensatz zum konservativ-eleganten Südbahnhotel gab sich das Panhans eine sportlich-mondäne Note. Hier war Arthur Schnitzler oft zu Gast, um in ein paar freien Tagen

Fotos:
vorangehende Doppelseite links: Das legendäre Südbahnhotel – ab 2025 ist wieder ein Hotelbetrieb geplant.
rechts: Festsaal im Südbahnhotel. Das Haus ist auch während der Umbau- und Renovierungsarbeiten Schauplatz zahlreicher Kulturveranstaltungen.

neue Ideen durchzudenken oder Freunde zu treffen. Auch Felix Salten war hier anzutreffen. Im Gegensatz zu seinem Freundeskreis war er der Einzige, der nur von seiner Hände Arbeit, sprich seiner journalistischen und schriftstellerischen Tätigkeit leben musste. Um die Jahrhundertwende war er einer der berühmtesten Journalisten Wiens und Berlins, pflegte aber einen sehr aufwendigen Lebensstil. Um seine Schulden zu tilgen, die sich unter anderem beim Pokern angesammelt hatten, verfasste er unter anderem zwei Romane komplett gegensätzlicher Natur: *Josefine Mutzenbacher*, einen für die damalige Zeit höchst pornografischen Roman, und *Bambi*, das später in der Verfilmung von Walt Disney weltberühmt werden sollte. Felix Salten wurde die anonyme Autorenschaft zugeschrieben und von ihm nie dementiert.

Vor allem im Panhans stellte sich der Geldadel der ausgehenden Monarchie selbst dar. Auch Karl Kraus' *Die letzten Tage der Menschheit* umfasst Szenen mit den Kriegsgewinnlern des Ersten Weltkrieges. In den Bars floss der Champagner in Strömen, sie waren der Laufsteg der neuesten Wiener Mode. Über die Silvesternacht 1912 notiert Altenberg in *Semmering 1912*: „Kardinalfarbene Seifenrobe, bestickt mit kardinalfarbigen Glasperlen. Eine staubgraue, nebelgraue Tüllrobe mit breiten ockergelben Samtbändern. Eine erbsengrüne Tüllrobe, mit hechtgrauen

Glasperlen bestickt; braungelbe Orchideen an der Brust. Frauenschuh. Dann sah ich eine – da wusste ich gar nicht, was sie anhatte; denn ich sah nur ihr Antlitz ...“

„Lieber Peter Altenberg,
weshalb sagen Sie mir das über die ‚göttliche Vollkommenheit meines Leibes‘, den Sie unbedingt unter allen Hüllen nackt sehen?! Ich habe doch schon alle Untugenden, die unser Stand, unsere Sorglosigkeit, unsere Verwöhnung von früh bis abends, mit sich bringen ohne unser Hinzutun!? Jetzt kommt noch die Begeisterung eines Dichters hinzu, also eines Menschen, der nichts will als begeistert, berauscht, gerührt sein?! So ein Beschenker! Sie werden mich nicht eitel machen, Edler, ich werde nur denken: Vielleicht hilft es ihm zu einem Gedichte, das wieder anderen hilft, wenn sie es lesen!? Und dennoch habe ich mich abends in dem Stehspiegel angeschaut und gedacht: ‚Dichter wissen doch alles!‘“

Peter Altenberg, *Semmering 1912*

Den Semmering könnte man als eine Zwischenstufe zwischen der Sommerfrische und dem heraufdrängenden Urlaub ansehen. Auf der einen Seite Landhäuser des vermögenden Großbürgertums, in denen man, umspült von frischer Bergluft, die heißen Sommermonate gut aushalten konnte. Auf der anderen Seite Hotels, die ihre Gäste mit allem nur erdenklichen Luxus der Jahre des Fin de Siécle umsorgten: moderne, bequeme Zimmer mit Bad (was damals beileibe nicht selbstverständlich war), mondäne Speise- und Ballsäle, Räumlichkeiten für Billard- oder Kartenspiele, Bars als Treffpunkte und Showbühnen der sich selbst darstellenden Gesellschaft; auch dem aufkeimenden Sportinteresse der Gäste wurde umfassend Tribut gezollt. Hier konnte man die bekannten „Hoserldamen“ bewundern: Frauen, die sich nicht mehr schämten, zum Skifahren oder Rodeln statt der langen Röcke Hosen zu tragen und damit weithin Aufsehen erregten.

Diese Hotels waren zugleich Brücke und Bindeglied zwischen der schon hergebrachten Form der Sommerfrische und ersten Formen des Urlaubs, die nicht mehr den Transfer der Großstadt und ihres täglichen Lebens aufs Land und einen längeren Aufenthalt im Visier hatten. In ihnen wurde auch Kurzaufenthalt genommen. Sie stellten eine Umwidmung bzw. moderne Adaption dessen dar, was die arbeitenden Familienoberhäupter bisher schon praktizierten: sich für ein kurzes Wochenende zu ihren sommerfrischelnden Familien zu gesellen. Der Kurzurlaub übers eventuell schon verlängerte Wochenende wurde zum Selbstzweck. Man fuhr auf den Semmering, der Aussichtsterrasse Wiens, um in den dortigen Luxushotels Höhenluft zu genießen, tagsüber Golf zu spielen oder, im Winter, zu rodeln oder Ski zu fahren und abends in Ballkleid und Smoking bei leichter Musik und den neuesten Tänzen zu „champagnisieren", wie Peter Altenberg es nannte. Für viele Geschäftsleute war der Semmering gerade deshalb ideal, weil man im besten Falle in gut zwei Stunden wieder in Wien und in seinem Büro war.
Diese Möglichkeiten, die freien Tage zu verbringen, waren deshalb so gut wie vorgegeben, weil der Semmering kein gewachsenes Dorf mit Ortskern, Geschäften, Gaststätten und Cafés war, die mit Privatzimmern oder Ferienwohnungen auch weniger begüterten Menschen ein Quartier bieten konnten. An der Anlage des Ortes kann man die Entwicklung heute noch ablesen.
Bis die Hotels ihre Pforten öffneten, war der Semmering, also die Passhöhe, nur eine Arbeitshaltestelle der Eisenbahnstrecke von Wien nach Triest. Wenn auch immer wieder seit der Jahrhundertwende und bis heute versucht wird, dem Semmering mit Autorennen, winterlichen FIS-Skirennen und vielen anderen sportlichen Ereignissen einen neuen, glamourösen und glänzenden Anstrich zu geben, so wirkt er dennoch wie eine

Filmkulisse aus längst vergangener Zeit: schön anzuschauen und sich in ihn hineinzuversetzen, lange vorbei und mit nostalgischen Erinnerungen besetzt.

Urlaubsstress am Semmering

Natürlich fahren wir mit dem Zug. Schon Heimito von Doderer war der Ansicht, dass man auf den Semmering nicht mit dem Automobil fahren sollte. Und wir werden, auf der linken Seite sitzend, belohnt mit schönen Aussichten und sehen in den Kurven immer wieder mal das Viadukt, unter dem wir bei Spaziergängen und Wanderungen schon öfter durchgegangen sind.
Um uns wirklich von allen Seiten und in allen möglichen Formen mit dem Semmering zu befassen, haben wir im Jahr 2022 für unsere kleine Reisegruppe einen ganzen „Wander-Besichtigungstag" auf besagtem Berg geplant. Wir wollten das kleine Museum im Bahnhof besuchen, wo uns der Altbürgermeister der Gemeinde Semmering zusagte, eine Viertelstunde etwas über den Bau der Eisenbahn und der damit verbundenen Entstehung eines Sommerfrische-Ortes mit großem Freizeit-Angebot und den beeindruckenden Villen- und Hotelbauten vorzutragen. Die beiden Grandhotels Panhans und Südbahnhotel interessierten uns besonders. Denn hier ging um die Jahrhundertwende bis in die frühen 1930er Jahre die High Society ein und aus. 1909 kam noch das Kurhaus am Semmering als drittes im Bunde dazu. Ein ebenfalls beeindruckender Bau, der heute denkmalgeschützt ist. Wir wollten alle drei „Grandhotels" begutachten, zumindest von außen, denn alle drei waren (und sind immer noch) geschlossen. Aus diesem Grund war unser Plan, nach der kurzen Bürgermeister-Einführung vom Bahnhof zum Hotel Panhans hinaufzugehen, uns irgendwo in Sichtweite hinzusetzen und Geschichten von seinen prominenten

Gästen vorzulesen, aber auch von den Herausforderungen der Angestellten zu erzählen, mit den anspruchsvollen Gästen fertigzuwerden.
Nach ausgiebiger Besichtigung des Hotels von außen wollten wir weiter auf der Hochstraße bis zum Südbahnhotel spazieren. Sie ist gesäumt von interessanten Villen und Bauten. Außerdem wird immer wieder der Blick auf schöne Aussichten freigegeben, der seinen Höhepunkt in der Ansicht des Südbahnhotels findet, das hier seine Schokoladenseite zeigt und fast ein bisschen an das Märchenschloss Neuschwanstein erinnert. Obwohl es gerade renoviert wurde (und noch immer wird, Stand 2023), erhielten wir nach großem Bitten und Betteln die Erlaubnis, um 13:00 Uhr zu einer „Kurzführung" vorbeizukommen. Die Gelegenheit, eines der großen Hotels von innen sehen zu können, wollten wir uns natürlich auf keinen Fall entgehen lassen. Deswegen haben wir sogar unsere Mittagspause nach hinten verschoben. Einziges Problem war nämlich, dass uns die Zeit davonlief. Wir waren ja zu Fuß unterwegs und brauchten – beim immer wieder Stehenbleiben, Betrachten und Erzählen – bestimmt den ganzen Vormittag. Ein Spaziergang zwischen einst und jetzt dauert immer viel länger, schon alleine wegen der vielen Zeitschichten und so. Die einzige Einkehrmöglichkeit auf der Höhenstraße hatte zudem Ruhetag. Also entschlossen wir uns kurzerhand, Lunchpakete mitzunehmen und diese beim 20-Schilling-Blick mit schöner Aussicht zu genießen. Dort gibt es Sitzgelegenheiten und gute Standorte, sogar mit Holzbilderrahmen, zum Fotografieren.
Nach einer ausgiebigen Pause wollten wir zum Bahnhof Wolfsbergkogel weiter. Den Zug um halb vier von dort zurück nach Payerbach müssten wir locker erwischen. Schöner Nebeneffekt: Auf dem Weg zum Bahnhof Wolfsberkogel kommt man beim dritten großen Hotel – dem Kurhaus – vorbei, das wir bei dieser Gelegenheit auch noch – im Vorbeigehen quasi – besichtigen wollten. Perfekt geplant! Dachten wir …

Am Anfang lief auch wirklich alles nach Plan. Wir nahmen, gemütlich nach dem Frühstück, den Zug um 9:22 Uhr. Nicht zu früh und nicht zu spät. Der Zug kam auch pünktlich, die Fahrt dauerte nicht lange, sodass wir bereits um 9:54 Uhr ankamen und uns zur rechten Zeit im Museum (das eigentlich Informationszentrum Semmeringbahn heißt) beim Herrn Altbürgermeister, Horst Schröttner, einfanden. Er erzählte so interessant und anschaulich! Uns ist vieles in Erinnerung geblieben. Heute kann man sich fast keine Vorstellung mehr davon machen, wie es früher hier am Bahnhof zugegangen sein muss.

„Da speien täglich 26 Züge ihren Inhalt auf den Bahnhofperron, Menschen und Gepäck, Gepäck und Menschen. Gleich draußen vor dem Ausgange vollzieht sich unter Assistenz der Hotelkuriere die reinliche Scheidung. Was kurze Hosen und Lodenrock trägt, pilgert per pedes apostolorum über den Semmeringsattel auf den Sonnwendstein. Die große Mehrheit jedoch begibt sich unter die Kuratel der Hotelkuriere, die geschäftig großes Handgepäck, Wagen oder Schlitten besorgen, und ehe der Reisende noch recht zum Bewußtsein kommt, sitzt er schon mit Kind und Kegel in einem der Hotels."

Ein gewisser Herr Dr. Fall in der *Neuen Freien Presse* 1909
über die Zustände am Semmeringer Bahnhof

Horst Schröttner erzählt uns, dass der besonders ambitionierte Hotelier Franz Panhans seine Stammgäste bereits am Bahnhof persönlich begrüßt und sie zu ihren Kutschen geleitet habe. Während jedoch die Herrschaften hinaufgefahren wurden, rannte Franz Panhans immer den ziemlich steilen Weg zum Hotel, um vor seinen Gästen wieder da zu sein und sie am Hoteleingang ein zweites Mal begrüßen zu können.
Wie viel sich doch in gut hundert Jahren verändert hat! Im Jahr 2022 geht es sehr beschaulich zu. Mit uns sind vielleicht noch zwei oder drei andere Personen aus dem Zug ausgestiegen und

wir hatten während der Fahrt einen ganzen Wagon für uns allein. Abgeholt hätte uns aber auch vor hundert Jahren niemand, denn wir gehören ohnehin zu der Gruppe der „Touristen“, die „per pedes“ pilgert. Und „pilgern“ ist in diesem Fall vielleicht wirklich der richtige Ausdruck. Wir gehen auf Zeitreise und spazieren „zwischen einst und jetzt“, mit den vielen Geschichten von anno dazumal im Gepäck, wahrscheinlich sogar mehr im Gestern als im Heute. Das wird uns schlagartig bewusst, als wir nach unserem Besuch im „Informationszentrum“ auf die Uhr schauten. Es war fast schon Mittag geworden!

Die Besichtigung des Südbahnhotels wollten wir uns aber auf keinen Fall entgehen lassen. Deswegen strichen wir das Panhans samt gemächlichem Spaziergang auf der Höhenstraße und sputeten uns die kürzere Südstraße hinauf bis zur Villenstraße, die ihren Namen nicht umsonst trägt, denn zu jeder der Villen gibt es sooo viel zu erzählen, dass wir fast wieder die Zeit vergaßen. Gerade noch schafften wir es bis 13:00 Uhr zum Südbahnhotel. Es war ein heißer Junitag und wir sanken durstig, hungrig und erschöpft auf die Sitzbänke vor dem Hotel. Sofort erkannten wir, dass in diesem Hotel zwei Seelen wohnen. Wir hatten uns nicht von der Schokoladen-, sondern von der Lost-Place-Seite her genähert. Zwar beeindruckt das Gebäude auch hier durch seine imposante Größe und die extravagante Lage mitten am Hang. Sonst sieht es aber einfach sehr, sehr heruntergekommen aus. Nur das grüne Dach, mit Türmchen und Spitzen versehen, ist neu. Es hat dem seit 1976 geschlossenen Grandhotel das Leben gerettet, kann man sagen. Vereinzelt fanden Kulturveranstaltungen statt, die im morbiden Charme des alten Hotels eine besondere Atmosphäre entfalteten. Auch im Sommer 2022 gab es wieder Veranstaltungen. Die drei großen Hotels hier oben überbieten sich gegenseitig mit hochkarätigen Programmen. Derzeit (Stand 2023) liegen alle drei Semmering-Giganten – Südbahnhotel,

Panhans und Kurhotel – im Halb-Dornröschenschlaf, könnte man sagen. Sie beherbergen keine Gäste. Aber alle drei haben vor, den Betrieb wieder aufzunehmen. Alle wollen an den Glanz alter Zeiten anknüpfen und ein wenig fühlt es sich auch schon an wie früher, als sich die beiden Grandhotels Panhans und Südbahnhotel einen wahren Konkurrenzkampf lieferten und sich gegenseitig mit immer neuen Erweiterungsbauten und Attraktionen zu übertrumpfen versuchten.

Das Südbahnhotel hat einen neuen, ambitionierten Besitzer. Er plant eine Wiedereröffnung des Hotelbetriebes für das Jahr 2025. Da gibt es noch viel zu tun, waren sich alle in der Gruppe einig, obwohl wir bisher nur *vor* dem Hotel gesessen sind. Fast müssen wir sagen, *glücklicherweis*e hatte der Hoteldirektor unseren Termin vergessen. Er kam etwas verspätet und wir fanden Gelegenheit, uns noch mit einer Notration Sisi-Zwieback zu stärken. Das war auch dringend nötig, denn unsere „Kurzführung" dauerte im Endeffekt fast zwei Stunden. Was bedeutet schon Zeit, wenn man am Semmering ist? Der Direktor hatte wahrscheinlich ein schlechtes Gewissen und wir bekamen die lange Tour durch das „Palasthotel", wie es früher gerne genannt wurde. Zeit- und traumverloren wandelten wir von einem Raum, ach was, von einem Saal in den nächsten – und das über vier Etagen hinweg! Wir fingen in der Hotelhalle, der „Hall", an, die noch für alle da ist. Wir durften aber weiter und wurden mit einem Schild in goldenem Rahmen empfangen, auf dem steht: „Bitte seien Sie nach 23 Uhr respektvoll." Gut, dass es erst früher Nachmittag war. Wir konnten uns also nach Herzenslust gehen lassen! Der „Speisesaal" ist so prunkvoll, dass wir wirklich das Gefühl hatten, in einem Palast zu sein. Dieser Saal passt so gar nicht zum Äußeren des Hotels: Imposant hängen da drei riesige goldene Lüster von den hohen, reich verzierten Stuckdecken. Nur Kenner erkennen, dass sie nach altägyptischen Motiven gestaltet sind. Auf den vielen

Säulen, die durch ebenfalls reichverzierte Stuckbögen zusammengehalten werden, sind überall Lampen mit geschliffenem Bergkristall angebracht – und durch die hohen Schlossfenster, wieder von verschnörkelten Stuckbögen eingerahmt, flutet Tageslicht. Der edle Fischgrät-Parkettboden glänzt frisch poliert und stirnseitig sehen wir als großen Blickfang eine Bühne in Muschelform. Dort thronte früher ein eigens für den Saal angefertigter Konzertflügel. Dieser Saal hat wahrlich eine bessere Bezeichnung verdient als einfach nur „Speisesaal". Was müssen das für rauschende Ballnächte gewesen sein, damals! Wir stellen uns vor, wie wir als Hotelgäste in schönen Kleidern in diesem Speisesaal sitzen und mehrmals am Tag die Garderobe wechseln: je einmal zum Frühstücken (im Frühstücksraum), Spazieren, Mittagessen (in einem der vielen Restaurantbetriebe). Und dann? Unternehmung von Ausflügen mit Kaffeetrinken, vielleicht ein Tanz in einem der Freiluft-Cafés, vielleicht Baden oder Skifahren, je nachdem, dann Abendessen (im Speisesaal), eventuell ins Kino, wahlweise eine Lesung, ein Konzert – oder doch lieber eine turbulente Ballnacht. Ja – und die anderen Räumlichkeiten des sogenannten Restaurant-Trakts wollten dazumal ja auch noch genutzt werden: grüner Salon, gelber Salon, Bibliothek, Waldhofsaal oder eben auch Kinosaal. Die Damen vergnügten sich im Bridge-Zimmer, im Spielzimmer hat Sigmund Freud seinerzeit bestimmt Tarock gespielt. Obwohl er Kartenspielen als „Unkultur" bezeichnete, war er ganz besessen davon. Auch vom Rauchen seiner Zigarren, wie wir wissen. Dafür gab es natürlich einen extra Rauchsalon. Und auch das hübsche altdeutsche Bierstüberl mit bemaltem Gewölbe darf natürlich nicht vergessen werden. Es hatte einen Eingang von außen und hier konnten auch „einfachere" Leute einkehren, die nicht im Hotel wohnten. Weswegen es manchmal ganz schön „rustikal" zugehen konnte. Eine angenehme Abwechslung, die auch manch vornehmere Hotelgäste durchaus zu schätzen wussten und das Bierstüberl gelegentlich einem Besuch in der Hotelbar vorzogen.

Bei all diesen Betätigungen blieb ja fast keine Zeit, den Ausblick aus den luxuriösen Hotelzimmern zu genießen. Uns scheint, bereits damals hat es schon Freizeitstress gegeben, obwohl dieses Wort noch nicht einmal existierte. Wir wandelten weiter durch Säle und Salons, besichtigten Zimmer und ganz in echt genossen wir die fabelhaften Aussichten von den verschiedenen Terrassen auf Rax und Schneeberg. Von einer kann man an schönen Tagen sogar bis zum Neusiedler See schauen. Und wieder waren zwei Seelen des Hotels zu spüren. Wenn man sich vorstellt, wie hier auch heute noch in den Pausen der Kulturveranstaltungen elegant gekleidete Menschen an runden Bistrotischen mit weißen Seidenhussen Prosecco trinken – und dann eine ähnliche Szenerie vor Augen hat, wie sie die *Neue Freie Presse* 1912 bereits geschildert hat: „Hier Parfum, das die Sinne umschmeichelt, dort die klare, gesunde Bergluft, hier das Rauschen und Knistern der Roben, dort das geheimnisvolle Rauschen von Fichten und Föhren …"
Es heißt, Kaiserin Elisabeth soll auch schon hier gewesen sein, ganz sicher aber ihre enge Vertraute, Ida von Ferenczy. Und wer weiß, wenn sich jemand die Mühe machen würde, in der Gästeliste nach Gyula Andrássy zu suchen, vielleicht würde man fündig werden. Bei den Ungarn war der Semmering als Urlaubsziel überaus beliebt. Vielleicht, weil man sich, mit Blick auf den Neusiedler See, der Heimat noch so nahe fühlte. Ein Auszug prominenter Gäste des Südbahnhotels liest sich ohnehin wie das Who is Who am Semmering: „Prof. Dr. Sigmund Freud, Königin Maria von Rumänien und maßgebliche Künstler wie: Gustav Mahler (Wiener Hofoperndirektor) mit Gattin Alma Mahler, Oskar Kokoschka, Egon Friedell, Peter Altenberg, Adolf Loos mit Gattin Lina, Franz Werfel, Gerhard Hauptmann, Otto Zarek, Hans von Hülsen, Adrienne Gessner (Burgschauspielerin), Kolo Moser (Mitbegründer der Wiener Sezession und der Wiener Werkstätte), Karl Kraus" und viele weitere, wie es auf der Webseite steht. Und das ist wirklich nur ein verschwindend kleiner Teil davon, wenn man bedenkt, dass allein im Jahr 1924 im

Kurort Semmering 32 951 Gäste mit insgesamt 214 181 Nächtigungen gezählt wurden – und die Zahlen stiegen stetig weiter. Eines hatten die prominenten Gäste gemeinsam: Sie alle waren in permanentem Freizeitstress und wollten allermeistens unbedingt viele andere „Gleichgesinnte" treffen. Die Gästelisten lagen bei Ankunft schon an der Rezeption aus und wurden gleich nach Bekannten durchforstet, mit denen man sich verabreden könnte. Stefan Zweig gibt in seiner Novelle *Brennendes Geheimnis* einen guten Einblick: „Im Hotel war der erste Weg des jungen Mannes zu der Liste der anwesenden Gäste, die er – bald enttäuscht – durchflog. ‚Wozu bin ich eigentlich hier', begann es unruhig in ihm zu fragen. ‚Allein auf dem Berg zu sein, ohne Gesellschaft, ist ärger als das Bureau.'" Um Enttäuschungen vorzubeugen, verabredeten sich viele schon vorher, um ja sicher die „richtigen" Leute zu treffen. Eltern mit heiratsfähigen Kindern waren erst recht im Stress, denn ein Besuch am Semmering hatte auch die Funktion einer Heiratsbörse und war viel zuverlässiger als heute ein Besuch auf Tinder. Vor allem, weil die Eltern einiges mitzureden hatten. Auch Alma Mahler organisierte hier für ihre Tochter Anna einen Ehemann: den erfolgreichen Verleger Paul Zsolnay. Anna begab sich auf Befehl der Mutter für einen Kuraufenthalt auf den Semmering, wo Paul, wiederum auf Geheiß seiner Mutter, der Erholungsbedürftigen Gesellschaft leisten musste. Der Plan der beiden Mütter ging auf und die beiden wurden tatsächlich ein Paar. Die Ehe war jedoch nicht von Bestand und folgende Semmering-Notiz von Peter Altenberg trifft wohl auf nicht wenige zu: „Man kann auch elegant zanken, elegant verzweifelt sein, man kann elegant langweilig sein und sogar elegant ungezogen! Aber das ist das schwerste."

Apropos ungezogen: Was war das für eine große Aufregung, als Josephine Baker im Jahr 1928 für einen „längeren Aufenthalt" auf den Semmering kam! Die weltbekannte Nackttänzerin, deren Auftritt im Bananenröckchen für heiße Diskussionen und Fantasien sorgte, vergnügte sich auf der Panhans-Wiese beim

Schlittenfahren! In Berlin wurde ihr Besuch als Anbruch einer neuen Zeit gefeiert, in Wien hat man aus katholischer Angst um den endgültigen Verfall der Sitten die Kirchenglocken geläutet, aber auf den Semmering ist man dann doch zum „Schauen" gefahren. Weil diejenigen, die sie, das Wesen von einem anderen Stern, mit eigenen Augen gesehen hatten, wahrlich etwas erzählen konnten! Und nicht nur in den Wirtshäusern wurde ihnen mit höchster Bewunderung und roten Ohren zugehört.
Die Gäste wurden immer internationaler und es kursierte sogar kurz einmal die Idee, am Semmering einen Flughafen zu bauen. Auch wurde alles nur Erdenkliche getan, um einen Erholungsaufenthalt so attraktiv wie möglich zu gestalten. Gerade die beiden großen Hotels Südbahn und Panhans überboten sich gegenseitig mit Varietéshows, Tanzveranstaltungen, Konzertabenden oder Bällen. Prominente Dirigenten, Sänger, Schauspieler, Tänzer und Schriftsteller lockten auch wirklich viele Gäste auf den Semmering. Um das Niveau halten zu können, wurde permanent und schnell ausgebaut, umgebaut und modernisiert. In „amerikanischem Tempo" (Johann Robert Pap) wurde im Jahr 1932 innerhalb von nur acht Wochen im Panhans etwa ein Alpenstrandbad erbaut. Es erregte als erstes Hallenbad in den Alpen großes Aufsehen und wurde durch die großen Glaswände, die bei Schönwetter geöffnet werden konnten, zu einer wahren Sensation. Natürlich konnte das Südbahnhotel nicht zurückstecken und eröffnete noch im gleichen Jahr gleichfalls ein Hallenbad mit großen Panoramafenstern, wodurch man beim Schwimmen auf Rax und Schneeberg schauen konnte.
Für das Personal war es natürlich der pure Stress, den Anforderungen der Gäste gerecht zu werden. Die Kellner mussten sofort zur Stelle sein, um Bestellungen aufzunehmen. Und dann, wenn ein bewaffneter Oberstleutnant zum Essen kam, konnte es schon mal gefährlich werden. Kurt von Reden beschreibt in seinen Memoiren *Ein buntes Leben im alten Österreich-Ungarn* ein gemeinsames Essen mit Oberstleutnant Risch. Nebenbei

erwähnt er, dass die „furchtbaren Farbdrucke", die im Speisezimmer hingen, schon ganz durchlöchert waren, „weil Risch, wenn er zu lange auf das Essen warten musste, mit einem eleganten Revolver den säumigen Kellner herbeischoss …"

Was lernen wir daraus? Zeit bedeutet alles am Semmering! Beim Durchwandeln des Südbahnhotels war sie uns schon wieder davongerannt. Unsanft wurden wir nach Beendigung unseres Rundgangs aus der Vergangenheit in die Gegenwart katapultiert. Wir hatten uns fast zwei Stunden, also unplanmäßig lange dort aufgehalten. In einer knappen Stunde, um halb vier schon, würde unser Zug gehen. Also hetzten wir nach Verabschiedungen und Danksagungen an den Direktor weiter zum 20-Schilling-Blick, um gegen 15:00 Uhr endlich unser Lunchpaket eilig, aber immerhin mit idyllischem Blick hinunterzuschlingen. Einige aus der Gruppe machten sich bald auf, um auf dem Bahnwanderweg über die Kalte Rinne weiter nach Breitenstein zu wandern. Wir gingen mit den älteren Semestern der Gruppe und jenen, die es eigentlich gemütlicher haben wollten, eiligen Schrittes weiter zum Bahnhof Wolfsbergkogel. Auf dem Weg kamen wir beim dritten großen Hotel, dem Kurhotel vorbei. Da geschlossen, konnten wir es nur von außen bewundern. Durch das Fotografieren und Herumtrödeln verpassten wir tatsächlich den Zug – und wanderten, um uns die Wartezeit von zwei Stunden zu vertreiben, zum Bahnhof Semmering zurück. Obwohl wir uns am „Kinderbahnhof" ohne Kinder auf der Holzlokomotive noch kindisch mit Spielen und Klettern vergnügten, waren wir immer noch eine gute Stunde zu früh am Bahnhof. So ist das auf dem Semmering, man hat entweder gar keine Zeit oder sehr viel davon. Beides aber irgendwie immer zur falschen Zeit. Beim Sitzen und Warten erinnerten wir uns an den allerersten „Kultur-Geschichten-Gruppen-Ausflug" auf den Semmering. Mit der Bahn gekommen, wollten wir per Bus über Gloggnitz zurückfahren. Das ist ein guter Plan, wenn man keinen ganzen

Tag einplanen möchte. Jedoch wurden wir von einem Unwetter überrascht und fanden die Busstation nicht gleich. Die Straßen am Semmering sind so schon leer. Auch bei Schönwetter findet man selten einen Menschen, den man nach dem Weg fragen kann. Bei Schlechtwetter garantiert niemanden! Als wir nach einigem Herumirren endlich hingefunden hatten, waren wir natürlich schon patschnass und standen eine gefühlte Ewigkeit dichtgedrängt in einem einsamen Haltestellenhäuschen. Es kam einfach kein Bus! Wir überlegten schon zum Bahnhof zurückzugehen, als mit riesiger Verspätung doch noch einer angefahren kam. Wir schafften es aber nur bis nach Gloggnitz, dort steckten wir wegen der starken Überschwemmungen dann wirklich fest. Es fuhr gar kein Bus mehr und unsere Hotelwirtin sprang dankenswerterweise rettend ein. Die ganz nachhaltig und mit öffentlichen Verkehrsmitteln reisende Gruppe wurde kurzerhand mit dem Hotelbus abgeholt.

In diesem Sinne kommen wir zu dem Schluss: Egal ob Gast, Tourist, Hotelier oder Kellner, egal zu welcher Zeit, egal in welchem Jahrhundert: Es ist immer Stress am Semmering!
Einzig und allein der Dackel der Panhans-Hoteliersgattin hat sich davon nicht beeindrucken lassen. Sein profaner Name „Waldl" hat nicht einmal seine edle Herkunft verraten. Der Dachshund „edelster Rasse" war nämlich ein Geschenk des Königs Alexander von Serbien, der hier einst als Gast einkehrte, an die Frau Panhans gewesen. Und bald hat sich herausgestellt, dass dieser Hund ein ganz besonderer war. Er hat sich nämlich unsterblich in eine Hundedame verliebt und ist tatsächlich auch bald Vater von vier entzückenden Welpen geworden. Frau Panhans brachte aber die Hundemutter samt Kindern kurz nach der Geburt bei einem Bekannten in Puchberg unter, weil sie dachte, das „Höhenklima" schade vielleicht den Welpen. Ihren Liebling Waldl hat sie aber bei sich behalten. Offensichtlich muss man dem Dackel aber seine Sehnsucht nach Frau und

Kindern angemerkt haben, denn eines Tages durfte der Strohwitwer seine große Hunde-Familie in Begleitung eines Bergführers besuchen. Was war da die Freude groß beim Wiedersehen! Zwar musste Waldl mit dem Bergführer wieder zurück auf den Semmering, hat sich aber den Weg so gut gemerkt, dass er sich fortan ganz selbstständig und alleine auf den Weg gemacht hat, um seine Liebsten zu besuchen. Täglich ist er um 6:00 Uhr in der Früh losspaziert, in Seelenruhe über den Herminensteig und Hauslitzsattel nach Puchberg gegangen, hat dort den Vormittag im Kreise seiner Familie verbracht – und um 12:00 Uhr mittags hat er sich wieder auf den Weg gemacht, um zurück ins Hotel zur Frau Panhans zu spazieren. Direkt unmenschlich diese Ruhe, die Dackel Waldl weghatte.

Weiterführende Informationen

Weltkulturerbe Informationszentrum
Bahnhofstraße 24, 2680 Semmering-Kurort
+43 2664 84520
tourismus@semmering.gv.at
www.semmering.at; www.semmeringbahn.at/informationszentrum.php
Geöffnet von Anfang Mai bis Ende Oktober, jeweils Donnerstag bis Sonntag, auch an Feiertagen, von 9–15:30 Uhr am Bahnhof Semmering.

Weltkulturerbe-Runde
Die mittelschwere Radtour erstreckt sich über 59,14 Kilometer und ist in ca. 4 ½ Stunden zu bewältigen. Ausgangs- und Zielpunkt ist die Talstation Hirschenkogel. Die Route führt vorbei am Hotel Panhans in Richtung Orthof nach Prein, weiter nach Hirschwang, Reichenau und Payerbach, über Küb und Pettenbach hinauf auf den Kreuzberg und schließlich über den Breitenstein zurück.
Nähere Infos zur Runde unter: www.wieneralpen.at

Bahnwanderweg von Semmering nach Breitenstein

Die sehr schöne Wanderung dauert vom Bahnhof Semmering aus ungefähr 3 Stunden. Es geht aber auch eine Stunde schneller, wenn die Abstecher zu den Aussichtspunkten am Doppelreiterkogel und 20-Schilling-Blick ausgelassen werden. Auf jeden Fall bekommt man drei Viadukte zu sehen: das Fleischmann-Viadukt am Unteren Adlitzgraben, die Kalte Rinne und das Krausel-Klause-Viadukt. Eine Gute Beschreibung der Wanderung findet man hier: https://www.bergwelten.com/t/w/9636

Tipps am Wegesrand

- Um bösen Überraschungen vorzubeugen: Vor geplanten Ausflügen am besten die aktuellen Öffnungszeiten und Ruhetage der Einkehrmöglichkeiten checken!
- Der Semmering zeigt sich fußgängerfreundlich, man findet jedoch kaum Busse, um den langgezogenen Ort von West nach Ost oder umgekehrt zu durchqueren.
- Busse und Züge fahren an Wochenenden und Feiertagen oft nur eingeschränkt.
- Taxis am Semmering:
  Taxi Riegler (+43 664 9124826) oder Taxi Anni (+43 664 9116180)

Schluss

Heute werden im Panhans, im Südbahnhotel und im Kurhaus sommers kulturelle Veranstaltungen auf hohem Niveau geboten. Man versucht, an die Zeiten anzuknüpfen, in denen der Geldadel über das Wochenende hier heraufkam, um zu feiern und zu genießen. Ob es gelingt, wenn man heute doch genauso schnell einmal nach Nizza oder Cannes fliegen kann, oder zu einer Opernaufführung nach New York?

Aber ist das auch wirklich notwendig? Gerade in einer Zeit, in der wir alle hart erfahren müssen, dass das Schneller, Höher und Weiter für die Zukunft kein Maßstab mehr sein kann? In einer Zeit, in der wir alle zurückstecken müssen, um hoffentlich erkennen zu können, dass ein wenig Bescheidenheit und Verzicht auf so manches Event keinen Mangel aufzeigen muss? Es liegt ein großer Gewinn in der Tatsache, seine Ansprüche zurückzuschrauben, Zeit zu haben und sich Zeit zu lassen. Ein Gewinn, der lange im Alltag nachhält.

In diesem Sinne
Ihre Wilma Pfeiffer und Ihr Walter Stelzle

Literatur und Quellen

Eduard Aberham: Panhans – Ein Hotel und seine Menschen. Kral-Verlag, Berndorf 2017.

Peter Altenberg: Semmering 1912. S. Fischer Verlag, Berlin 1912.

Peter Altenberg: Vita Ipsa. S. Fischer Verlag, Berlin 1919.

Viktor E. Frankl: Der Mensch vor der Frage nach dem Sinn. Eine Auswahl aus dem Gesamtwerk. Piper, München 1979–1989.

Claudia Girardi: Heimito von Doderers Preinblicke. Eine Leserreise mit alten und neuen Ansichten. Österreichische Verlagsgesellschaft, Wien 2006.

Brigitte Hamann: Kaiserin Elisabeth. Das poetische Tagebuch. Verlag der österreichischen Akademie der Wissenschaften, Wien 2003.

Oliver Hilmes: Witwe im Wahn. Das Leben der Alma Mahler-Werfel. btb, München 2003.

Wolfgang Kos: Das Panhans. Aus dem Leben eines großen Hotels. Edition Atelier, Wien 1988.

Wolfgang Kos, Elke Krasny (Hrsg.): Schreibtisch mit Aussicht. Österreichische Schriftsteller und Sommerfrische. Ueberreuter, Wien 1995.

Bartholomäus Mader: Auszug aus der Familien-Chronik von Victor Mader, maschinenschriftliches Manuskript, erhalten von Heinz Hübner.

Annette Meyhöfer: Eine Wissenschaft des Träumens. Sigmund Freud und seine Zeit. btb, München 2007.

Robert Musil: Der Mann ohne Eigenschaften. Band 1–3. Rowohlt, Reineck bei Hamburg 1957.

Robert Musil: Briefe 1901–1942. Hrsg. von Adolf Frisé, unter Mitarbeit von Murray G. Hall. Rowohlt, Reineck bei Hamburg 1957.

Johann Robert Pap: Wiedergefundenes Paradies. Sommerfrischen zwischen Reichenau und Semmering. Niederösterreichisches Pressehaus, St. Pölten 1996.

Christoph Rella: Eine kleine Geschichte der Post im oberen Schwarzatal. Heimat Verlag, o. O. 2019.

Christoph Rella, Martina Fuchs: Wir schießen schon auf die unmöglichsten Sachen. Der Briefwechsel des Payerbacher Artillerieoffiziers Tonio Rella mit seiner Gattin Camilla 1914–1917. Niederösterreichisches Institut für Landeskunde 2018.

Markus Rieger: Semmering, Reichenau & Rax. Braumüller, Wien 2010.

Peter Rosegger. Als ich noch Waldbauernbub war. Die schönsten Jugendgeschichten aus der Waldheimat. Hrsg. von Michael Holzinger, Edition Holzinger, Berliner Ausgabe 2016.

Arthur Schnitzler: Jugend in Wien. Fritz Molden, Wien/München/Zürich 1968.

Daniel Spitzer: Wiener Spaziergänge, hrsg. von Walter Obermaier, Band 1, Edition Wien, Wien 1986.

Norbert Toplitsch: Habsburger in Reichenau. 2. Auflage. Edition Terra Nova, Ternitz-Pottschach 2005.

Friedrich Torberg: Die Tante Jolesch oder Der Untergang des Abendlandes in Anekdoten. Langen Müller Verlag, München 1975.

Heimito von Doderer: Die Strudlhofstiege oder Melzer und die Tiefe der Jahre. Verlag C.H.Beck. *Die erste Auflage erschien 1951 im Biederstein Verlag.*

Heimito von Doderer: Tangenten. Tagebuch eines Schriftstellers. C.H.Beck, 3. Auflage, München 1995.

Heimito von Doderer: Die Wasserfälle von Slunj. Verlag C.H.Beck. *Die erste Auflage des Werkes erschien 1963 im Biederstein Verlag.*

Heimito von Doderer: Ein Mord den jeder begeht. dtv, München 1964.

Gudula Walterskirchen, Beatrix Meyer: Das Tagebuch der Gräfin Marie Festetics. Kaiserin Elisabeths intimste Freundin. Residenz, Salzburg 2014.

Gotthart Wunberg: Die Wiener Moderne. Literatur, Kunst und Musik zwischen 1890 und 1910. Reclam, Stuttgart 1981.

Stefan Zweig: Die Welt von gestern. Erinnerungen eines Europäers, Fischer-Bücherei, Frankfurt am Main 1970.

Stefan Zweig: Brennendes Geheimnis. S. Fischer, Frankfurt am Main 1988.